ÉTUDE

SUR

LA PREUVE LITTÉRALE

CHEZ LES ROMAINS

ET

L'ADMISSIBILITÉ DE LA PREUVE TESTIMONIALE

DANS LE DROIT FRANÇAIS

PAR

Albert FAURE

DOCTEUR EN DROIT
AVOCAT A LA COUR D'APPEL DE PARIS

PARIS

F. PICHON, LIBRAIRE-EDITEUR

14, RUE CUJAS ET 7, RUE VICTOR-COUSIN

—

1875

LA PREUVE LITTÉRALE

ET

L'ADMISSIBILITÉ DE LA PREUVE TESTIMONIALE

ETUDE

SUR

LA PREUVE LITTÉRALE

CHEZ LES ROMAINS

ET

L'ADMISSIBILITÉ DE LA PREUVE TESTIMONIALE

DANS LE DROIT FRANÇAIS

PAR

Albert FAURE

DOCTEUR EN DROIT

AVOCAT A LA COUR D'APPEL DE PARIS

PARIS

F. PICHON, IMPRIMEUR-LIBRAIRE,

14, RUE CUJAS ET 7, RUE VICTOR-COUSIN

—

1875

DROIT ROMAIN

DE LA PREUVE LITTÉRALE

INTRODUCTION

Pour assurer le fonctionnement régulier des relations sociales, il ne suffit pas aux hommes de créer
entre eux des obligations. Il leur faut encore, une
fois l'obligation créée, les moyens de conserver le
souvenir des conventions qu'ils ont formées ; car
autrement, si plus tard, une contestation s'élevait
soit sur les clauses soit sur l'existence même de la
convention, il serait impossible au juge, chargé de
trancher le différend, de découvrir de quel côté est
la vérité. Ces moyens ont varié avec les besoins de
la civilisation. Il est certain qu'à l'origine des temps,
lorsque l'écriture était inconnue ou n'était que le
privilége de quelques-uns, les hommes furent obligés

de confier le souvenir des actes de leur vie juridique à la mémoire de leurs contemporains. Ce n'est que plus tard lorsque l'écriture, grâce aux progrès de la civilisation, eut reçu une diffusion suffisante, qu'on songea à dresser un écrit destiné à établir la vérité de ce qui avait eu lieu d'une façon plus certaine et moins suspecte que les témoignages.

Comme le fait observer M. Derome, (*revue de législation et de jurisprudence*, 1850), l'écriture révèle plus sûrement que la parole nos intentions réelles, la vraie nature de nos actes et la portée de nos dispositions.

La parole est un instrument dont nous faisons souvent un usage indiscret, parce qu'elle est trop promptement à notre disposition, et aussi parce que nous savons qu'elle est fugitive et ne laisse point après elle de traces faciles à saisir.

Nous pouvons ajouter avec d'Aguesseau, (8me méditation) que la parole ne communique ses biens qu'au présent ; tandis que l'écriture y fait participer les absents même, et elle y joint l'avantage de donner une espèce de durée et d'utilité éternelle aux pensées, aux sentiments, aux actions des hommes. » Aussi, est-ce la preuve tirée de l'écriture, c'est-à-dire la preuve littérale, que nous nous proposons d'étudier ici.

Les législations anciennes ne nous fournissent que fort peu de renseignements sur le point qui nous occupe. Les Babyloniens sont les premiers qui paraissent avoir employé la preuve littérale. Cet usage se répandit chez les Hébreux, puisque nous voyons dans les Saintes Écritures que l'acte du divorce (Deutér. ch. 24, v. 1), ainsi que les généalogies (Esdras, liv. 9, 62) s'établissaient par écrit. On trouve encore dans la Bible d'autres passages qui permettent de supposer que du moins à une certaine époque les Hébreux avaient pris l'habitude de constater par écrit les contrats de mariage et les donations, (Tobie, ch. 7 et 8).

En Égypte, l'écriture fut d'abord appliquée aux monuments du droit public et du droit international, et ce n'est que plus tard qu'elle fut employée dans les simples relations du droit privé. Une loi de Bocchoris voulut que le prêteur exigeat une reconnaissance par écrit de la somme prêtée. Si le créancier négligeait de prendre cette précaution, il suffisait au débiteur, pour être déchargé de sa dette, de déclarer sous la foi du serment qu'il n'avait pas emprunté (Diod. C. 1, § 79).

Chez les Grecs, la législation athénienne est la seule qui présente quelque intérêt en notre matière.

On comprend qu'à Lacédemone dont les institutions étaient si défavorables aux arts et au commerce, l'usage des écrits fut peu fréquent. Plutarque nous raconte que Lycurgue défendit même d'écrire aucune de ses lois, prétendant que celles-là seules étaient bien observées qui étaient gravées dans les mœurs et les esprits des citoyens.

Mais à Athènes, où le commerce et les arts prirent des proportions si considérables, on admit de bonne heure l'écriture comme preuve des conventions. On y faisait la distinction des actes publics et des actes privés, et ces derniers se divisaient eux-mêmes en *chirographes* (χείρ, main; et γράφω, j'écris), actes écrits et scellés par une seule partie, et en *syngraphes* (σύν, avec; γράφω, j'écris), actes écrits et scellés par les deux contractants. Des témoins assistaient à la passation de l'acte qui, le plus souvent, était déposé soit chez un tiers, soit chez un banquier.

A Rome, et surtout dans le droit primitif, on peut dire que la preuve testimoniale jouissait d'une admissibilité indéfinie. En effet, les conventions les plus importantes, les actes solennels, comme la mancipation, l'existence même d'un jugement (dans l'action *judicati*) se prouvaient par témoins. Il est certain que la solennité des actes, la précision des formules et les gestes symboliques devaient fortement frapper l'esprit des assistants et venir en aide au souvenir des témoins. Aussi ne devons-nous pas nous étonner que la preuve littérale soit restée si longtemps inappréciée.

La loi des Douze-Tables n'en parle pas, et ce ne fut qu'à la longue, sous les empereurs et à l'époque des grands jurisconsultes qu'elle vint prendre place dans la procédure à côté de la preuve testimoniale; et, même pendant longtemps, elle n'occupa vis-à-vis de celle-ci qu'un rang secondaire. Ce qui s'explique facilement dans une procédure qui n'établissait pas de règles pour enchaîner la conviction du juge. Ce système a été formulé dans un rescrit d'Adrien (Loi 7, § 2, D. *de testibus*). C'est également celui qui a été consacré par notre Code d'instruction criminelle dans l'art. 342.

Lorsque l'usage des écrits se fut répandu, le législateur dut en tenir compte et Marcellus nous apprend que le Sénat, au temps d'Adrien, avait donné aux monuments publics une supériorité marquée sur les témoins : « Census et monu- » menta publica potiora esse testibus senatus cen- » suit. » Cette règle posée dès le temps d'Adrien semble avoir persévéré pendant toute la décadence de l'empire d'Orient; Cujas (ad tit. 20 *de testibus*) fait en effet remarquer qu'Harmenopoule l'invoque dans le livre 1er tit. 6. de son *promptuarium juris civilis* (Derome, *revue de législ.* 1849. Preuve littérale et preuve testimoniale.) Nous examinerons plus tard la question de savoir si l'un de ces deux modes de preuve doit être préféré à l'autre lorsqu'ils se trouvent en conflit.

En général les écrits n'étaient destinés qu'à servir d'*instrumentum*, c'est-à-dire à faciliter la preuve de la convention ; quant à la validité de la convention elle-même, elle en était indépendante (4 et 12 C. *de fide instr.*). Cependant l'écriture servait à former l'obligation dans le contrat *litteris*, sur lequel nous aurons à entrer dans quelques développements plus loin, ou dans d'autres contrats, lorsque la volonté des parties faisait dépendre leur perfection de cette formalité. (*Inst. de empt. vendit.;* 19 C. *de fide instr. :*) Dans ce dernier cas il faudra que l'écrit soit mis au net (*in mundum;* car le brouillon (*scheda*) n'était considéré que comme un simple projet. C'est ce qui résulte de la loi 17 au C. *de fide inst. :* « Transactio- » num etiam, quas in instrumento recipi convenit, » non aliter vires habere sancimus, nisi instru- » menta in mundum recepta. » Il faudra encore, ajoute le texte, que l'écrit soit revêtu de la signature et du sceau des parties, « subscriptionibusque » partium confirmata. » Ce n'est qu'une fois que toutes ces formalités auront été remplies que le contrat sera formé et que les parties ne pourront plus se désister : « Donec enim aliquid deest ex his » et pœnitentiæ locus est, et potest emptor vel ven- » ditor, sine pæna recedere ab emptione.» (*Inst.de Emp.*, 3. 24.)

Il y a également des cas où la loi avait imposé la nécessité de l'écriture. Ainsi l'ingénuité ne put être prouvée que par écrit : « Si tibi causa ingenuitatis » fit, defende causam tuam et instrumentis et ar- » gumentis quibus potes. Soli enim testes ad inge- » nuitatis probationem non sufficiunt. » (2 C. *de text.*) Il en fut de même pour la légitimation (Inst. 1. X, § 13 ; nov. 74 et 89 ;) pour l'adoption (Inst. I, XXI ; 2 C. *de adopt.*); pour l'émancipation anastasienne (5 C. *de emancip.*); pour l'affranchissement dans les Eglises et pour la répudiation. Des constitutions impériales prescrivirent aussi que la donation

fut insinuée (*actis intervenientibus*), c'est-à-dire
mentionnée dans les registres tenus par le juge ;
c'était une façon indirecte d'exiger un écrit, puisque
l'insinuation n'avait lieu qu'au moyen du dépôt de
l'acte.

Nous allons successivement passer en revue les
différents écrits qui pouvaient être produits en justice. On les distinguait en *actes privés* et *actes publics*.

Nous examinerons ensuite une question que
nous avons précédemment indiquée, celle de savoir
si en cas de conflit la preuve littérale doit avoir le
pas sur la preuve testimoniale. Puis nous terminerons notre travail par l'indication des règles relatives à la production des titres en justice et des conséquences qui peuvent résulter de la perte de ces
titres.

CHAPITRE PREMIER

Des actes privés

SECTION PREMIÈRE

DIFFÉRENTES ESPÈCES D'ACTES PRIVÉS

Nous allons voir, comme nous l'avons déjà fait observer, que ce n'est que peu à peu que les Romains en sont arrivés à se servir de l'écriture. Dans l'ancien droit romain le consentement seul et par lui-même est impuissant à créer une obligation. Il lui faut, nous dit notre si regretté Maître M. Ortolan, une nature et une forme moins spiritualisées, une traduction plus rude et plus sensible, un vêtement plus matériel. L'obligation ne se contracte volontairement entre parties que par la pièce d'airain et la balance (*per æs et libram*) avec les paroles sacramentelles (*nuncupatio*) qui doivent être prononcées selon le but qu'on se propose. Cet acte porte le nom générique de *nexum* « Nexum est, dit Festus, quodcumque per æs et libram geritur, idque necti dicitur. »

Avec le temps, ajoute M. Ortolan, on se débar-

rasse de la nécessité de faire figurer l'*œs et libra*
dans les cas où il n'y a réellement à faire aucune
aliénation ou engagement de choses ; on tient pour
accomplie la solennité symbolique *per œs et libram,*
on en détache seulement la *nuncupatio,* c'est-à-dire
les paroles solennelles ; on tient le métal pour pesé
et donné, et l'on s'oblige par ces paroles solennelles
comme s'il l'avait été en effet. On arrive ainsi aux
obligations contractées par paroles, au moyen de
formules sacramentelles (*verbis obligatio*). C'est la
première d érivation du *nexum.*

Ensuite quand les moyens graphiques se sont
introduits et répandus, quand il est d'usage que
chaque citoyen ait son registre domestique (*Codex
accepti et depensi*) ce registre, entre dans le droit
civil des Romains ; on déclare par inscription sur
ce registre, en de certains termes, que l'on tient
l'argent pour pesé et donné, la solennité *per œs et
libram* est tenue pour accomplie, et cette inscription constitue, non pas seulement un moyen de
preuve, mais une solennité, une forme civile d'obligation. C'est ainsi qu'on arrive aux obligations
contractées par écrit (*litterarum obligatio*).

Cette seconde dérivation du *nexum* peut être
considérée à bon droit comme une transition entre
le système rigoureux et formaliste de l'ancienne législation en matière d'obligations, et les principes
plus naturels, plus philosophiques des temps mo-
dernes sur l'effet du simple consentement.

Nous savons qu'à Rome, dès que les lettres furent

introduites et répandues, le *paterfamilias* prit l'habitude de consigner exactement, jour par jour, sur un registre domestique, toutes les opérations concernant les intérêts pécuniaires de sa famille.

« Moris autem fuit, nous dit Asconius, dans ses » annotations sur la seconde Verrine de Cicéron, » unum quemque domesticam rationem sibi totius » vitæ per dies singulos scribere, ex quà appareret » quid quisque de reditibus suis quid de arte, fœnore » lucrove seposuisset quoquo die, et quid sumptus » damnive fecisset. » Ce registre portait le nom de *Codex* ou *tabulæ*. Mais avant de le rédiger régulièrement tous les mois, les Romains inscrivaient provisoirement toutes leurs opérations sur un brouillon mensuel, appelé *adversaria*, et cela sans méthode, mais par ordre chronologique.

Les *adversaria*, n'avaient aucune force probante en justice, tandis qu'au contraire, les *tabulæ* formaient des éléments de preuve dignes de confiance. *Quid est*, dit Cicéron, (*pro Proscio comœdo, oratio 3, § 2*), « quod negligenter scribamus adversaria ? Quid » est, quod diligenter conficiamus tabulas ? Quà de » causa ? Quæ hæc sunt menstrua, illæ sunt æternæ ; » hæc delentur statim, illæ servantur sanctæ ; hæ » parvi temporis memoriam, illæ perpetuæ existi- » mationis fidem et religionem amplectuntur ; hæc » sunt dejecta illæ, in ordinem confectæ. Itaque adver- » saria in judicium protulit nemo ; codicem protulit, » tabulas recitavit. »

Le *Codex* était rédigé en une sorte de partie double ;

dans l'une, (*Codex expensi*) étaient relatées toutes ces opérations qui constituaient le *paterfamilias* créancier ; dans l'autre, toutes celles qui le constituaient débiteur (*Codex accepti*). (Pline. Hist. nat. liv. 2, c. 7). Ces insertions sur le *Codex* n'étaient que des instruments de preuve, qui pouvaient être invoqués en justice, soit par le propriétaire du registre, soit contre lui, sous réserve toutefois de la preuve contraire. C'est ce qui résulte du passage suivant de Cicéron, (*in Verrem act.* 2, liv. 1, § 23).
« Plurima signa pulcherrima, plurimas tabulas
» optimas deportasse te negare non potes. Atque
» utinam neges ! unum ostende in tabulis aut tuis
» aut patris tui emptum esse, vicisti. »

Si le registre du chef de famille mentionnait un prêt, cette inscription appelée *nomen*, (parce qu'elle contenait le nom de celui qui avait prêté ou à qui on avait prêté), était de la même nature que les précédentes ; elle ne servait que de moyen de preuve. Car c'était la numération, la dation des espèces qui engendrait l'obligation, et non pas l'écriture. Aussi les Romains qui appelaient *nomina* toutes les créances pour le motif indiqué plus haut, avaient-ils spécialement désigné celles qui résultaient *d'un mutuum* sous le nom d'*arcaria nomina*, inscriptions de créances venant de la cassette (*arca*) ; car c'est de là qu'est partie la somme et qu'est née l'obligation. Aussi Gaius a-t-il grand soin de dire, que les *arcaria nomina*, ne sont pas une sorte d'obligation littérale ; qu'ils ne servent pas à former, mais seulement à

constater une obligation, « *nullam facere obliga-*
tionem, sed obligationis factæ testimonium præ-
bere. » (Gaius, Com. 3, § 131). Du moment où l'obligation est produite, non par l'écriture, mais par la
numération des espèces, ce qui est du droit des gens,
nous dirons avec M. Ortolan, que les *arcaria nomina*
ne sont pas exclusivement réservés aux citoyens
Romains, mais peuvent s'appliquer également aux
étrangers. (Gaius, Com. 3, § 132.)

Mais si les parties s'accordent pour mentionner
sur le registre, en termes consacrés, qu'une somme
a été pesée et donnée (pecunia expensa lata), ou
bien a été pesée et reçue (pecunia accepta relata);
alors c'est l'écriture qui engendre l'obligation,
comme les paroles dans la stipulation. L'écriture
n'est plus seulement un moyen de preuve, c'est
l'obligation elle-même. *Litteris obligatio fit*, dit
Gaius, *veluti in nominibus transcriptitiis.* Ce sont
là les *nomina* par excellence, d'où dérivent les
expressions juridiques de *expensum ferre, accep-*
tum referre.

On a disputé longtemps sur le point de savoir
sur quel registre devait se trouver l'inscription?
Certains auteurs la veulent concordante, et sur
celui du créancier et sur celui du débiteur par analogie de ce qui a lieu dans la stipulation. En effet,
disent-ils, si la formation de l'obligation *verbis*
exige qu'à l'interrogation du stipulant corresponde
une réponse du promettant, ne faut-il pas également
ment qu'à la mention de l'*expensum* sur le registre

du créancier corresponde celle de l'*acceptum* sur celui du débiteur? C'est ce qui semble résulter du passage suivant de Gaius (Com. 3, § 137) : « Item » in his contractibus alter alteri obligatur... quum » alioquin in verborum obligationibus alius stipu- » letur, alius promittat, et in nominibus, alius » expensum ferendo obliget, alius (referendo) obli- » getur. »

Nous croyons que l'*expensilatio*, sur le registre du créancier, suffit à elle seule pour produire le contrat littéral, du moment où elle a été faite avec le consentement du débiteur.

Nous repoussons tout d'abord le texte de Gaius, parce que le mot *referendo* n'est là que par conjecture; car celui que portait le manuscrit était illisible. Dans tous les cas, il existe entre la *stipulation* et l'*expensilatio* des différences assez saillantes qui ne permettent pas de tirer un argument d'analogie du rapprochement fait par Gaius entre ces deux contrats. Pour n'en citer qu'une seule, Gaius nous apprend lui-même (Com. 3, § 138) que l'*expensilatio* peut avoir lieu entre absents, tandis qu'il en est tout autrement de la stipulation. Exiger la mention conforme de la part du débiteur, ne serait-ce pas empêcher entre absents la formation de l'obligation *litteris* puisqu'il serait impossible au créancier de s'assurer si le débiteur a porté sur son registre *pecunia accepta*.

Nos adversaires invoquent encore le passage suivant de Cicéron : « Quod si ille suas profert tabu-

» las, proferet suas quoque Roscius : erit in illius
» tabulis hoc nomen at in hujus non erit. Cur
» potius illius quam hujus creditur? Scripsisset
» ille, si non jussu hujus expensum tulisset? Non
» scripsisset hic quod sibi expensum ferri jussis-
» set? Nam, quemadmodum turpe est scribere quod
» non debeatur, sic improbum est non referre quod
» debeas : æque enim tabulæ condemnantur ejus
» qui verum non retulit, et ejus qui falsum pers-
» cripsit (Pro Rosc. comædo, nᵘ 1). » Cicéron,
disent-ils, en supposant que les deux parties pro-
duisent leurs registres, nous montre bien que la
seule *expensilatio* qui se trouve sur le registre du
demandeur ne suffit pas pour faire naître l'obligation. Nous leur ferons remarquer que la production
des deux registres n'a pour but dans le texte que
de vider une question de preuve. Car Cicéron n'aurait pas eu besoin de se demander auquel des deux
registres il convenait d'ajouter foi, si la seule mention de l'*expensilatio* sur le *Codex* du demandeur
ne pouvait par elle-même faire naître l'obligation.
Il lui suffisait de déclarer que le contrat ne s'était
pas formé.

Nous pensons que le nom de *nomina transcrip-*
titia a été donné aux créances dont nous venons
de parler, parce que ces *nomina* servaient le plus
souvent à opérer *novation*, c'est-à-dire à transformer en obligation littérale une obligation préexistante; et non pas de ce que la mention solennelle
est transcrite du brouillon (*adversaria*) sur le *Codex*.

Et alors on s'explique fort bien pourquoi Gaius nous dit : « A re in personam transcriptio fit ; a » persona in personam transcriptio fit. »

La transcription a lieu *a re in personam* lorsque les parties conviennent de transformer en une obligation littérale, une obligation antérieure provenant d'un contrat soit réel, soit consensuel, soit verbal. L'obligation primitive disparaîtra pour céder sa place à une obligation nouvelle ayant pour cause l'écriture. (Cic. *de off.* 111, § 14). La transcription a lieu *a persona in personam*, si l'on porte à la charge d'un nouveau débiteur la mention existant auparavant au compte de l'ancien. C'est une novation par changement de débiteur.

De même que la stipulation, l'*expensilatio* à l'origine était un contrat purement civil, réservé par conséquent aux seuls citoyens Romains. Même plus tard lorsque les relations avec les *peregrini* furent plus étendues, on ne leur permit pas complètement l'usage de l'obligation *litteris* comme on l'avait fait précédemment pour l'obligation *verbis*. C'est ce qui résulte du texte de Gaius lorsqu'il nous signale la dissidence qui existait à cet égard entre les Sabiniens et les Proculeiens.

» Transcriptitiis vero nominibus an obligentur » peregrini merito quæritur, quia quodam modo » juris civilis est talis obligatio : quod Nervæ pla- » cuit. Sabino autem et Cassio visum est si a re in » personam fiat nomen transcriptitium etiam pere

» grinos obligari ; si vero a persona in personam,
» non obligari. (Com. 3, § 133). »

Mais les peregrins avaient une autre manière de s'obliger *litteris* au moyen des *chirographa* et des *syngraphæ*. « *Præterea*, ajoute Gaius (§ 134) littera-
» rum obligatio fieri videtur chirographis et syn-
» graphis, id est, si quis debere se aut daturum se
» scribat, ita scilicet, si eo nomine stipulatio non
» fiat. Quod genus obligationis proprium peregri-
» norum est. » L'expression même de Gaius *quod genus obligationis* nous montre bien qu'il s'agit d'une véritable obligation *litteris* et non pas seule-lement d'un moyen de preuve, comme le préten-dent certains écrivains allemands. Car lorsque Gaius veut nous indiquer le caractère simplement proba-toire des *arcaria nomina*, nous avons vu avec quelle netteté il s'expliquait : « Recte dicimus arcaria
» nomina nullam facere obligationem, sed obliga-
» tionis factæ testimonium præbere. »

Asconius nous révèle ce qui distingue les *chiro-grapha* des *syngraphæ*. « Chirographa, dit-il, ab
» una parte servari solent ; syngraphæ signatæ
» utriusque manu, utrique parte servandæ tra-
» duntur. »

Les *syngraphæ* ont une apparence plus antique que les *chirographa*, puis que les comédies de Plaute qui remontent aux années 210 et suivantes avant J.-C. en font déjà mention. Mais aussi ils furent les premiers à disparaître. Car à l'époque de Justi-nien il n'est plus question que des *chirographa*.

A côté des mots *chirographa* et *syngraphæ*, on rencontre souvent celui de *cautio*. Cette expression a une signification fort étendue. Dans un sens large' le mot *cautio* indique toutes les garanties qu'une partie peut donner à l'autre et s'applique par conséquent à tous les moyens de preuve qu'on rencontre dans les textes sous les qualifications diverses de *instrumentum, scriptura, libellus, charta, chartula*, à toutes ces écritures dont Gaius a dit : « Fiunt ut quod ac- » tum est per eas facilius probari possit. (4. D. 22 *de fide instrum.*) et Constantin : « Eamdem vim » obtinent tam fides instrumentorum quam depo- » sitiones testium (15. C. *de fide instr*). Dans un sens plus étroit le mot *cautio* servait à désigner la promesse écrite de payer une somme d'argent déterminée (*certa pecunia*) en retour le plus souvent d'un *mutuum* déjà réalisé ou futur. Voilà pourquoi nous trouvons dans des textes du Digeste le mot *cautio* comme synonyme de *chirographum*. Une constitution impériale d'Alexandre Sévère, qualifie d'obligation la *cautio* : « Si quasi accepturus mu- » tuam pecuniam adversario cavistis quæ numerata » non est, per condictionem obligationem repetere » potestis. » Enfin, au temps d'Arcadius, d'Honorius et de Théodose elle nous est présentée par ces princes comme le moyen de former l'obligation *litterarum*. Dans le corps du droit de Justinien on ne rencontre plus que les *chirographa* et le mot *cautio* comme synonyme dans le sens de promesse écrite de payer une somme déterminée le plus souvent pour cause de *mutuum*. Quant au *codex*, aux *nomina arcaria* et *transcriptitia* ils ont disparu comme les *syngraphæ*. Nous parlerons plus loin des effets du *chirographum* ainsi transformé, ou de la *cautio*, son synonyme, lorsque nous nous deman derons si sous Justinien le contrat *litteris* a disparu.

Voyons maintenant ce que l'on entendait par *apocha* et *antapocha*.

L'*apocha* ἀπέχω, je reçois) était un écrit dans lequel le créancier reconnaissait qu'il avait été payé et qui était destiné pour le débiteur à établir sa libération. C'est ce que nons appellerions aujourd'hui une *quittance*.

La quittance est une garantie pour le débiteur et ne peut nullement porter préjudice au créancier qui la délivre. Aussi le débiteur aura-t-il toujours le droit de refuser de payer le créancier, si celui-ci ne veut pas lui donner une quittance. Sans elle, en effet, il s'exposerait à une nouvelle demande qu'il lui serait peut-être fort difficile d'écarter.

Si le paiement a été effectué en présence de témoins, ce sera sans doute pour lui un moyen de prouver sa libération ; mais les témoins peuvent mourir ou s'absenter, et n'est-il pas plus simple de retirer un écrit, qu'il pourra représenter à volonté.

Le débiteur ne doit pas non plus se contenter de la remise du titre qui constate sa dette ; car le créancier peut nier que le titre soit passé dans les mains de son débiteur, de son consentement. L'écrit en effet, prouve la dette et non pas la remise.

Même au cas où la dette ne serait établie par aucun écrit, ni aucun témoignage, il fera toujours bien de se faire délivrer une quittance, surtout dans l'intérêt de ses héritiers qui pourraient savoir que leur auteur a été débiteur, mais qui ignoreraient qu'il s'est libéré.

Mais si le débiteur a déjà compté l'argent au créancier et que celui-ci refuse de lui délivrer l'*apocha*, ou doit lui donner la *condictio causa data causa non secuta* ; car le débiteur a payé pour deux causes : la première, pour satisfaire le créancier ; la seconde, pour obtenir sa libération à l'avenir, but qu'il ne peut atteindre, qu'au moyen d'une preuve certaine de sa libération, et cette preuve, la quittance seule peut la lui fournir. (Donel, liv. 7, p. 1339).

L'*antapocha* (ἀντί, en échange et ἀπόχα quittance), est l'écrit par lequel le débiteur reconnaît que le créancier lui a délivré une quittance du paiement de sa dette. C'est une *contre-quittance.*

La loi 19, au Code *de fide inst.* nous montre bien que l'*apocha* peut se faire de deux manières : « Si voluerit is qui apocham conscripsit, *vel* exemplar cum subscriptione ejus qui apocham suscepit ab eo accipere, *vel* antapocham suscipere. » Ainsi le créancier en recevant le paiement, pourra rédiger deux quittances. Il remettra l'une au débiteur, et gardera par devers lui l'autre, en ayant soin de faire signer celle-ci par le débiteur, qui avoue par là même, s'être acquitté de sa dette en telle ou telle qualité.

Ou bien encore, le débiteur rédige un billet spécial (*antapocha*), constatant l'acquittement de la dette et qu'il remet au créancier.

Le créancier ne peut pas réclamer d'*antapocha*, lorsqu'un seul et unique paiement suffit à éteindre la dette ; une pareille exigence serait sans utilité. Ce n'est que lorsqu'il s'agit de redevances annuelles, de paiements périodiques comme les fermages et les intérêts de sommes d'argent, ou de redevances emphythéotiques ou d'autres cas analogues, que l'on comprend toute la valeur de l'*antapocha*. En ne prenant que les exemples de la loi 19, (C. *de fide instr.*) nous voyons combien le propriétaire est intéressé, à l'échéance de chaque fermage, d'obtenir du *colonus* une *antapocha* qui le mettra dans l'impossibilité de changer la nature de sa possession. Il aurait pu arriver qu'au bout d'un bail assez long, le *colonus* se fut comporté comme *dominus fundi*, et eut mis ainsi le propriétaire dans la nécessité de réclamer son fonds, et par suite de prouver son droit de propriété, en vertu du principe *actori incumbit probatio*. Cette preuve du droit de propriété présente souvent de grandes difficultés, et si dans notre hypothèse, le *bailleur* n'eut pu la faire, le *colonus* eut été maintenu en possession : « res alienas possidens, licet justam tenendi causam nullam habeat, non, nisi suam intentionem implenti, restituere cogitur. » (28, C. *de rei vind.*) L'*antapocha* contenant l'aveu de la possession précaire du *colonus*, mettra ainsi le propriétaire à l'abri d'un pareil danger.

Dans la seconde hypothèse dont nous parle le texte, nous voyons que le créancier d'une somme d'argent, produisant des intérêts, peut se trouver victime de la mauvaise foi du débiteur. Car au bout de trente ans le débiteur pourrait objecter au créancier qu'il n'a pas exigé d'intérêts et que, par conséquent, le bénéfice de la prescription lui est acquis. Comment, en effet, le créancier établirait-il que les paiements ont eu lieu régulièrement, puisque les quittances qui les constatent sont entre les mains du débiteur qui se gardera bien de les produire. Avec l'*antapocha* une pareille fraude devient impossible. Cependant le créancier ne saurait exiger d'*antapocha* qu'après avoir lui-même délivré une quittance au débiteur ; c'est ce qui ressort des mots : « *qui apocham suscepit ab eo antapocham suscipere,* » que nous trouvons dans la loi 19, au Code *de fide instr.* ; car ne serait-il pas souverainement injuste de contraindre ce dernier à fournir une garantie à à celui-là même qui a refusé de lui fournir celle à laquelle il avait droit ? Mais si après avoir reçu la quittance, le débiteur ne consent pas à son tour à s'exécuter, quelle est l'action à laquelle le créancier pourra avoir recours afin d'obtenir satisfaction ? « Si obligatio, dit la loi unic. Dig. 13, 2, lege nova introducta sit nec cautum eadem lege, quo genere actionis experiamur, ex lege agendum est. » Sans doute la *condictio ex lege* est à sa disposition. Mais dans notre hypothèse elle ne lui servirait absolument à rien, puisqu'au moyen de cette action on ne peut obtenir que *in id quod creditoris interest.* Or, le créancier n'a aucun intérêt actuel, et le débiteur, ne saurait être condamné en vue d'un danger futur et purement éventuel. « Nam, dit la loi 35, au D. de Jud., neminem puto dubitaturum quin fidejussor ante obligationem rei accipi posse, judicium vero, antequam aliquid debeatur, non posse. » Cette *condictio ex lege* ne pourrait avoir quelque utilité pour le créancier qu'au cas où le débiteur poursuivi avouerait qu'il a payé, mais qu'il refuse de donner une contre-quittance. La constatation de cet aveu fait devant le juge remplacerait efficacement l'*antapocha.*

Le créancier, en dehors de cette *condictio ex lege*, peut user d'un moyen qui lui permettra d'arriver plus sûrement à un résultat favorable. Il interpellera son débiteur extrajudiciairement et lui demandera une contre-quittance. Si le débiteur reste sourd à cette sommation, le créancier fera constater ce refus par des témoins, et intentera contre lui non pas une action nouvelle, mais l'ancienne action, celle par laquelle il pouvait obtenir soit le paiement des intérêts, soit le prix du bail. Il est probable que le débiteur, placé dans l'alternative soit de payer une seconde fois, soit de montrer la quittance, préférera ce second parti. De là il résultera un aveu judiciaire qui, ainsi que nous l'avons déjà dit, tiendra parfaitement lieu de l'*antapocha.*

SECTION II

DE LA FORME DES ACTES PRIVÉS

Nous venons de passer en revue les différentes espèces d'actes privés, examinons maintenant quelles sont les formalités auxquelles la loi les a assujettis.

Nous voyons dans les textes que les écrits constatant les actes les plus solennels, tels que les donations et les testaments, pouvaient être rédigés par des tiers, sans que les parties fussent astreintes à les écrire de leur propre main; à plus forte raison en était-il de même pour des conventions moins importantes (*Inst.* III, 23, *in pr.*). Mais quel qu'eut été le mode de rédaction des écrits privés, ils devaient toujours être revêtus de la signature des parties. « Scripturas, dit la loi 11, au Code, liv. 8,
» tit. 18, quæ sæpe assolent a quibusdam secrete
» fieri, intervenientibus amicis necne..., sive tota
» series eorum manu contrahentium, vel notarii
» vel alterius cujuslibet scripta fuerit, ipsorum
» tamen habeant subscriptiones, sive testibus adhi-
» bitis, sive non. »

Que l'écrit soit daté ou non, que le lieu où l'acte a été passé soit ou ne soit pas indiqué, ce qui, cependant est quelquefois bien utile, peu importe.

C'est la signature qui est la seule forme indispensable à la validité de l'écrit. Tant que les parties
n'auront pas apposé leur signature, la loi ne considère l'acte que comme un simple projet.

Telle est du moins la règle édictée par l'empereur Léon dans la loi 11, au Code (liv. 8, tit 18)
que nous avons précédemment citée. Ce n'est donc
qu'au Bas-Empire que cette formalité est devenue
nécessaire, puisque Scévola nous enseigne (L. 34,
Dig. liv. 20, tit. 1, § 1.) que l'obligation qui résulte
du gage continue d'exister, bien que l'écrit qui le
constate n'ait pas été revêtu de la signature des
parties « quum convenisse de pignoribus videtur,
» non idcirco obligationem pignorum cessare, quod
» dies et consules additi vel tabulæ signatæ non
» sint. »

En principe, il n'était pas nécessaire d'appeler
des témoins à la rédaction des actes privés; cependant l'assistance des témoins et leur signature à
l'acte lui donnaient la force d'un acte public. Car
lorsque ces formalités n'avaient pas eu lieu les
actes privés ne pouvaient pas créer de droits réels,
et les titres publics, quoique postérieurs en date,
l'emportaient toujours sur eux. L'empereur Léon,
dans la loi 11 (*qui potiores in pignore*, au C.), dont
nous avons déjà parlé, nous dit que le porteur d'un
titre public, passera sur le gage ou le bien hypothéqué avant le porteur d'un acte privé, même antérieur en date : « Sin autem jus pignoris vel hypo-
» thecæ ex hujusmodi instrumentis vindicare quis

» sibi contendèrit, eum qui instrumentis publice
» confectis nititur, præponi dicernimus, etiamsi
» posterior is contineatur. »

Aussi la Novelle 73 prescrit-elle aux parties d'appeler des témoins à la confection de l'acte et de lé leur faire signer (ch. I et II), notamment lorsqu'il s'agit d'un *mutuum* et de quelques autres contrats. Si les parties négligent de se conformer à la Novelle, le chapitre IV leur apprend qu'un pareil écrit sera dénué de toute force probante et que le créancier n'aura plus que la ressource (*novissimum subsidium*) de déférer le serment au débiteur.

Dans cette même Novelle 73, Justinien indique quel doit être le nombre des témoins à concourir à la passation de l'acte et quelles doivent être leurs qualités. Si l'objet du billet ne dépasse pas une livre d'or, il suffira de la présence de deux témoins. Même au cas ou l'objet du billet dépasserait une livre d'or, il suffira encore de deux témoins, si l'on se trouve à la campagne, à cause de la difficulté de se procurer des témoins sachant écrire ou signer; mais si l'on est à la ville, trois seront nécessaires.

Justinien va même jusqu'à exiger la présence de cinq témoins, lorsque le contrat a lieu entre personnes ne sachant pas ou sachant peu écrire : « pro illitterato aut paucas litteras sciente » (chapitre 8).

Ceux qui sont appelés à remplir le rôle de témoins, dit Justinien, doivent être des hommes tout à fait dignes de foi et d'une réputation irréprochable : « Probatæ atque integræ opinionis. »

Dans la novelle 90, il pousse la rigueur jusqu'à écarter des artisans ou des hommes obscurs : « Et
» non quosdam artifices ignobiles, neque vilissi-
» mos, neque nimis obscuros. » Il va même jusquà n'accorder aucune créance au témoignage de ceux qui auraient prêté leur assistance par le plus pur effet du hasard, sans y avoir été invités : « Hæc au-
» tem inania et ex transitu perhibita testimonia,
» nulla modis omnibus valere ratione. »

Si les témoins ne savaient ou ne pouvaient si-
gner les actes auxquels ils avaient été appelés à concourir, on inscrivait leur nom et, au besoin, ils attestaient verbalement que l'acte avait été dressé en leur présence et qu'ils connaissaient celui qui l'avait fait : « Quia his præsentibus subscripsit qui
» documentum fecit et hunc noverunt. » Si l'acte était méconnu, on s'en rapportait tant à leur témoi-
gnage qu'à la comparaison des écritures.

Nous ferons remarquer que Justinien, voulant mettre fin à l'abus des procès en vérification d'écritures, décida qu'il ne pourrait y avoir lieu à la com-
paraison des écritures qu'autant que l'acte aurait été dressé en présence de témoins, et voici comment il justifie cette mesure : « Ut non in sola scriptura
» et ejus examinatione pendamus, sed sit judican-
» tibus etiam testium solatium. »

A présent que nous connaissons les différentes espèces d'actes privés et les formalités auxquelles ils sont soumis, nous allons nous demander quelle est la foi qui leur est due, lorsqu'ils sont produits en justice.

SECTION III

DE LA FOI DUE AUX ACTES PRIVÉS

Il faut d'abord établir une distinction essentielle : ou l'écrit émane de celui qui le produit, ou au contraire il émane de celui à qui on l'oppose.

Dans le premier cas, comme il s'agit d'actes privés émanés de celui qui les produit ou de son auteur, et appelés par les Romains *domestica instrumenta*, ils n'ont aucune force probante, à moins qu'ils ne soient corroborés par quelques adminicules. C'est ce qui résulte de la loi 5 C. de probat : « Instrumenta domestica seu privata testatio seu » adnotatio si non aliis quoque adminiculis adju- » ventur ad probationem sola non sufficiunt. » Aussi la loi 6 au même titre, faisant application de ce principe, nous dit-elle que les comptes du défunt trouvés dans sa succession ne suffisent point pour prouver qu'une somme lui était due, et qu'il en serait de même du testament dans lequel il aurait déclaré être créancier d'une somme ou d'une chose déterminées. C'est la loi suivante qui nous donne le motif de cette décision : « Il serait d'un dangereux exemple, dit-elle, de donner foi à des notes par lesquelles un individu se serait constitué lui-même un débiteur; c'est pourquoi ici le fisc ni personne ne peuvent, par de simples notes qu'ils ont faites eux-mêmes, prouver qu'on leur doit quelque chose. »

Dans le second cas, l'acte privé fait foi contre celui à qui on l'oppose, pourvu que la signature soit reconnue ouvolontairement ou judiciairement. Mais si le signataire nie que le billet ait été signé par lui ou par son ordre, le demandeur peut démentir cette allégation de deux manières : soit par le témoignage de ceux qui ont assisté à la rédaction de l'écrit, soit par la vérification d'écritures. Quant au défendeur, sa dénégation ne pourra lui être utile que dans le cas où l'écrit mentionnera l'heure et le lieu de la rédaction ; car alors il lui suffira d'établir un *alibi*, et cela tant par titres que par témoins.

Par titres, il produira un acte public, ou *quasi publice confectum*, auquel le même jour et dans un autre lieu il avait apposé sa signature. Ainsi, un écrit émanant du défendeur lui-même serait insuffisant pour prouver l'*alibi* ; car nous savons (l. 5, C. *de prob.*) que l'*instrumentum domesticum* n'a aucune force probante s'il n'est corroboré par quelques adminicules.

Quant à l'écrit émané d'un tiers, il suffirait à lui seul à prouver l'alibi, du moins jusqu'au Bas-Empire, époque où apparut le principe que le témoignage d'un seul ne fait point foi. Ce n'est qu'après avoir, dans une première constitution, recommandé aux juges d'être circonspects en pareille circons-

tance, que l'empereur Constantin en vint plus tard
à formuler nettement l''exclusion du témoignage
d'un seul individu : « Simili modo sanximus (1, 9,
» § 1 C. de test.) ut unius testimonium nemo judi-
» cum in quacumque causa facile patiatur admitti·
» Et nunc manifestè sancimus ut unius omnino
» testis responsio non audiatur, etiam si prœclaræ
» curiæ honore prœfulgeat. »

Par témoins, il fera entendre les déclarations des
personnes qui, au jour de la passation de l'acte
qu'on lui attribue, l'auront vu dans un autre en-
droit. Les jurisconsultes romains n'étaient pas d'accord sur le nombre de témoins nécessaires à prouver l'*alibi*. Les uns soutenaient qu'il fallait plus de
témoins pour repousser un écrit que pour le confirmer. L'acte, disait-on, équivalant par lui-même à
un quatrième témoin, il en faudra au moins cinq
pour le repousser. C'était l'avis qui semblait avoir
prévalu. Les autres prétendaient qu'il y avait identité de situation pour les parties, au point de vue
de la preuve, du moment où on était en présence
d'un nombre égal de témoins, tant pour soutenir
l'acte que pour le combattre et que parconséquent
il fallait appliquer la maxime : « In pari causa po-
» tiorem esse debere reum undè petitur, et contra
» actorem pronuntiandum esse. » (125 D. de reg.
juris).

Remarquons que cette règle ne concerne pas seulement le créancier mais aussi le débiteur, lorsqu'il
fondera sa prétention sur une quittance : « Nam in

« exceptione reus est actor. » (Donel, de fide ins).

Celui qui était convaincu en justice d'avoir frauduleusement dénié son écriture était condamné à une amende de 24 sous d'or au profit de son adversaire, et même dans le cas où il aurait pu opposer l'exception *non numeratæ pecuniæ*, il était déchu de cette faculté. Cette seconde pénalité ne s'appliquait que s'il s'agissait d'actes *publicè confecta* (16 C. de fid. instr.) Justinien établit pour tous les cas une condamnation *in duplum*, toujours au profit de l'adversaire.

Certains auteurs, s'appuyant sur un texte de Paul au Digeste ont prétendu qu'il était très important pour le créancier que le billet fit mention de la cause de l'obligation. Car, disent-ils, si l'écrit portait que l'obligation était née soit d'un louage, d'une vente, ou d'un autre contrat, cette cause était tenue pour vraie tant que le débiteur n'en avait pas démontré la fausseté par les preuves les plus évidentes et consistant en des écrits. « Evidentissimis probationibus » in scriptis habitis, » (25, § 4, D. *de prob.*). Mais si le billet ne renfermait pas la cause de l'obligation, ou s'exprimait d'une manière confuse à cet égard (*indiscrete loquitur*), c'était le créancier au contraire, qui devait prouver la réalité du fait générateur du contrat. « Debitum esse ostendere quod in cautionem deduxit. (*Eod. loc.*) »

Nous ferons remarquer avec M. Bonnier (*t. d. p.* n° 680), que ce texte indique évidemment une interpolation. Car les expressions dont il se sert « cautio

» indebite exposita, indiscretè loquitur, » appartiennent à la langue du Bas-Empire. Ajoutons encore que
la restriction qui exige des preuves écrites, « eviden-
» tissimis probationibus in scriptis habitis » est
tout à fait étrangère à l'époque des jurisconsultes
classiques, et a été, par conséquent, insérée après
coup dans le texte. Aussi pensons-nous que le prétendu fragment de Paul n'est qu'une seconde édi-
tion de la Constitution de Justin, qui nous présente
comme une innovation, le cas où la cause est exprimée et celui où elle ne l'est pas ou ne l'est qu'im-
parfaitement. « Generaliter sancimus ut, si quid
» scriptis cautum fuerit, pro quibuscumque pecu-
» niis, ex antecedente causa descendentibus, eam-
» que causam specialiter promissor edixerit, non
» jam ei licentia sit causæ probationem stipulato-
» rem exigere, cum suis confessionibus acquiescere
» debeat : nisi certe ipse e contrario per apertissima
» rerum argumenta scriptis inserta religionem
» judicis possit instruere, quod in alium quemquam
» modum, et non in eum quem cautio perhibet,
» negotium subsecutum sit. Nimis enim indignum
» esse judicamus, quod sua quisque voce dilucide
» protestatus est, id in eamdem causam infirmare,
» testimonioque proprio resistere. » Nous savons
en effet, que les formes habituellement usitées à
Rome pour contracter une obligation unilatérale
(stipulation et contrat *litteris*) excluaient la nécessité de la mention de la cause. Selon le strict droit
civil peu importe qu'il y ait ou non une cause

préexistante, .u moment que l'écriture a eu lieu selon les formes voulues, elle est par elle-même la *causa civilis contrahendæ obligationis*, et le débiteur est tenu *litteris*. Mais la jurisprudence et le droit prétorien sont venus tempérer la rigueur de ces principes, en accordant au débiteur qui se serait obligé sans motif une exception *doli mali* ou une exception rédigée *in factum*. Mais alors d'après le principe, *reus in excipiendo actor est*, ce sera le débiteur qui devra prouver la non réalité de la cause. Cependant si l'obligation littérale résultait d'un *mutuum d'argent*, et si le débiteur prétendait que l'argent ne lui avait pas été compté, on finit plus tard par lui accorder contre l'action du créancier une exception de dol, rédigée *in factum*, sous le nom spécial d'exception *non numeratæ pecuniæ*. Mais alors, contrairement au principe énoncé plus haut, c'est le créancier qui sera dans la nécessité de prouver que réellement la numération d'espèces a eu lieu : « Exceptione opposita seu doli, seu non nume-
» ratæ pecuniæ compellitur petitor probare pecu-
» niam sibi esse numeratam, quo non impleto,
» absolutio sequetur. » (3, C. *de non num. pec.*).
Pour expliquer cette disposition tout à fait dérogatoire au droit commun, les empereurs Dioclétien et Maximien paraissent supposer dans une constitution (10 C. *de non num. pec.*) qu'il est impossible de prouver une négation, lorsqu'ils disent : « Quum
» inter eum qui factum adseverans onus subiit
» probationis et negantem numerationem, cujus

» NATURALI RATIONE PROBATIO NULLA EST, et ob
» hoc ad petitorem hujus rei necessitatem transfe-
» rentem, magna sit differentia. » Mais là n'est pas
le véritable motif de l'exception *non numeratæ pecuniæ.* Disons plutôt avec M. Bonnier, (*traité des
preuves,* n° 46), que cette décision toute exceptionnelle tient à deux causes : en premier lieu à la fré-
quence d'un certain genre de fraude à Rome, fré-
quence attestée par le grand nombre de textes qui
en font mention ; car la plupart du temps l'écrit était
rédigé et signé avant la numération des espèces et il
était facile au prêteur de mauvaise foi de s'en em-
parer et de refuser ensuite de compter l'argent. En
second lieu, à la tendance de la jurisprudence romaine à se dégager des formes rigoureuses de la
stipulation et de l'obligation littérale.

Comme cette exception était limitée d'abord à
cinq ans, puis à deux ans sous Justinien, il eut suffi
au créancier de rester inactif pendant ce laps de
temps, sauf à intenter l'action (*condictio)* plus tard.
Pour se mettre à l'abri de ce silence frauduleux, la
loi fournit deux moyens au débiteur apparent.
D'abord il n'a qu'à prendre l'initiative, et à agir
par la *condictio sine causa* contre le prétendu créancier. S'il est impossible au créancier de démontrer
la numération des espèces, il sera obligé de resti-
tuer le billet (7 C. *de non num. pec.*)

Le débiteur pourra encore, s'il le préfère, intenter la *querela non numeratæ pecuniæ.* Cette faculté
que Justinien lui a accordé, consiste dans une pro-

testation écrite qu'il devra remettre au créancier lui-même en présence de témoins, ou en son absence à un magistrat. Quand il aura fait cette protestation il pourra opposer en tout temps l'exception *non numeratæ pecuniæ*. Mais il n'a qu'un délai de deux ans pour protester ; s'il a laissé passer ce délai sans agir, non seulement il ne pourra pas rejeter sur le créancier la preuve de la numération des espèces, mais il ne sera pas admis lui-même à prouver que le versement des écus n'a pas eu lieu.

Bien que ce dernier point ait été contesté, nous croyons avec M. Labbé que c'est ainsi qu'on doit l'interpréter en présence du texte formel de Justinien (Instit. liv. 3, tit. 21.) « DUM QUERI NON POTEST, scripturâ obligetur », et de la défense que fait l'empereur au débiteur de déférer le serment au créancier « Post elapsum tempus, in his nec jusjurandum offerre liceat. » Ainsi que le fait remarquer M. Labbé, ce serment serait le moyen le plus simple de terminer la contestation. Et si l'empereur a cru devoir l'interdire, à plus forte raison ne doit-on pas admettre le débiteur à produire d'autres preuves qui exigeraient des débats sérieux à cause du temps qui s'est écoulé.

La preuve de la numération des espèces ne fut d'abord mise à la charge du créancier que lorsqu'il s'agissait de simples écrits probatoires.

Comme plus tard on étendit cette règle aux écrits générateurs d'obligations, certains auteurs en ont conclu que sous Justinien l'obligation *litteris* avait cessé d'exister. Ne voit-on pas, disent-ils, tous les textes du Digeste et du Code employer indifféremment les mots *cautio et chirographum* pour désigner un écrit constitutif d'obligation ; et même lorsqu'il s'agit de l'exception *non numeratæ pecuniæ*, le mot *cautio* se rencontre plus souvent. Nous savons qu'en matière d'écrits, la *cautio* est destinée à servir de preuve ; ce qui prouve bien que sous Justinien tout écrit n'est désormais qu'un mode de preuve.

Il est vrai que le législateur a cru devoir admettre des règles spéciales sur la preuve, lorsque l'écrit constate une obligation de quantité résultant d'un *mutuum* d'argent, puisque pendant un certain laps de temps le débiteur peut rejeter sur son adversaire la charge de démontrer la cause réelle de l'obligation.

Mais si le débiteur qui a laissé passé le temps déterminé sans agir ne peut plus détruire la force probante de l'écrit, ce n'est pas parce qu'il est tenu en vertu d'une obligation *litteris* ; c'est que son inaction a constitué un aveu établissant d'une manière irréfragable la numération des espèces, c'est-à-dire la *causa civilis* du *mutuum*. Comme l'écrit ne peut plus être discuté, il y a bien une apparence du contrat *litteris*, mais c'est tout.

Nous croyons avec M. Ortolan que l'obligation *litteris* subsiste toujours et que ce qui est tombé en désuétude c'est l'*expenssilatio*, le *nomen transcriptitium*. Les Romains avaient fini par adopter l'usage

des *chirographa* et des *syngraphæ* qui pour les
étrangers opéraient d'une manière analogue à l'*expensilatio* et à la *stipulatio*. Car ils ne servaient pas
seulement à constater une obligation préexistante
provenant d'un contrat quelconque, afin qu'on put
en prouver l'existence plus tard; mais ils éteignaient la première obligation, ils en opéraient
novation et la remplaçaient pas l'obligation *litteris*.
Les Romains perdirent l'habitude de tenir des registres; Asconius nous l'apprend et nous en donne
les motifs et le *nomen transcriptitium* disparut.
Pour le remplacer, il fut recu dans l'usage que
les débiteurs remissent à leurs créanciers des
écrits, des *chirographa* constatant la dette. Si plus
tard le défendeur contestait son écriture c'était au
juge à apprécier; mais s'il prétendait avoir signé
le billet sur la promesse qu'une numération d'espèces lui serait faite et qu'en réalité elle n'avait pas
eu lieu, alors l'obligation qui découle de l'écrit
se trouvait provisoirement paralysée par l'exception *non numeratæ pecuniæ*, mais elle résultait de
l'écriture. Et lorsque l'exception ne pouvait plus
être opposée, c'était toujours de l'écriture, du
chirographum que l'obligation tirait toute sa force.

Si par exemple Primus se prétend créancier de Secundus en vertu d'un *mutuum* et l'actionne devant
le juge, il produira des preuves pour établir la *res*
qui est la condition du *mutuum*, la numération
des espèces. Secundus pourra combattre les preuves
de Primus par les preuves contraires et prouver

que la numération des espèces n'a pas eu lieu sans
avoir recours à l'exception *non numeratæ pecuniæ*.
Car dans notre hypothèse il ne s'agit de savoir que
s'il y a eu obligation *ex mutuo*.

Si l'on suppose que le *mutuum* a été accompagné
d'une stipulation, Secundus, ne contestant pas
l'existence même de la stipulation, serait dans l'impossibilité d'en combattre les effets, sans avoir recours à l'exception. Il arrivera ainsi par ce moyen
à forcer Primus d'établir la numération des espèces
Car dans notre hypothèse l'obligation a sa cause
dans les paroles et non plus comme dans le cas
précédent dans la numération des espèces.

Remplaçons la *stipulation* par un *chirographum*
et nous devrons aboutir au même résultat. L'obligation résultant cette fois de l'écriture ne permettra à Secundus de se défendre qu'au moyen de
l'exception. On voit donc bien que nier sous Justinien l'existence du contrat *litteris*, c'est nier celle
du contrat *verbis*, ce qui ne serait pas soutenable.

Si l'on rapproche les termes employés par Justinien (*Inst.* liv. 3, tit. 21) de ceux qui se trouvent
dans les Instituts de Gaius, on voit que ce sont
bien les anciens *chirographa*, qui altérés par la
succession des temps et l'influence du Préteur ont
remplacé l'ancienne *expensilatio*; mais qu'il existe
toujours une obligation *litteris*. C'est ce qui résulte
encore d'une façon indiscutable de la Constitution
d'Arcadius, Honorius et Théodose : « Si quis de-
» biti quod vel ex fœnore, vel mutuo data pecunia

» sumpsit exordium, vel ex alio quolibet titulo in
» litterarum obligationem, facta cautione transla-
» tum est. » (6. Code Théodosien, liv. 2, tit. 4).
Comment soutenir qu'il n'y a pas là la novation
opérée par le contrat *litteris*.

Ainsi donc, la jurisprudence prétorienne d'abord,
et les constitutions impériales ensuite, ont permis
au débiteur d'insérer dans la formule une exception, au moyen de laquelle il soulevait la question
de savoir si le fait, en vue duquel la stipulation ou le
contrat *litteris* était intervenue, avait eu lieu. Mais
c'était uniquement pour corriger les inconvénients
d'une législation trop formaliste, et non pas pour
supprimer entièrement le contrat lui-même.

CHAPITRE II

Des actes publics.

Nous avons examiné tout ce qui est relatif aux
actes privés; étudions maintenant les actes publics. Nous les distinguerons en *actes publics proprement dits* et *actes forenses*, c'est-à-dire reçus par
des tabellions. Cette distinction n'est pas arbitraire, car il existe entre eux des différenres. Notamment, nous verrons que la présence de témoins
était indispensable à la validité des *acta forensia*,
tandis que les *acta publica* pouvaient se rédiger
sans cette assistance.

Du reste, cette classification ressort nettement
de la loi 19, C. *de fide instr* : « Sed tantummodo
» ex forensibus, vel publicis instrumentis, vel hu-
» jusmodi chirographis quæ enumeravimus. »

SECTION PREMIÈRE

ACTES PUBLICS PROPREMENT DITS

On appelait actes publics (*scripturæ publicæ*)
ceux qui avaient été remis à un *actuarius*, fonc-
tionnaire chargé de les conserver dans les Archives.

Un texte d'Ulpien, que nous trouvons au titre *de Pœnis* du Digeste, nous montre que l'usage des Archives existait sous les premiers empereurs romains : « Solent et sic; ne eo loci sedeant quo in » publico instrumenta deponuntur archio forte vel » grammato phylacio » (L. 9, § 6).

C'est ce qui résulte encore d'un texte de Paul qui nous apprend qu'on déposait les testaments dans les Archives, afin de ne pas être pris au dépourvu : « Ac deinde signo publico obsignatum in » archium redigatur, ut, si quando exemplum ejus » interciderit, sit unde peti possit » (Paul, *Sent.* L. IV, tit. VI, § 1).

Cet usage des Archives se répandit dans les principales villes de l'Empire, et Justinien ordonna d'en établir dans les villes qui en manquaient:

« Præcepta vero faciat tua eminentia per unam » quamque provinciam, ut in civitatibus habita- » tio quædam publica distribuatur, in qua conve- » niens est defensores monumenta recondere, eli- » gendo quemdam in provincia qui horum habeat » custodiam : quatenus incorrupta maneant hæc » et velociter inveniantur a requirentibus, et sic » apud eos archivum et quod hactenus prætermis- » sum est in civitatibus emendetur » (Nov. 15, ch. 5, § 2). Ce dépôt des actes dans les Archives, appelé *insinuation*, avait lieu *quasi sub forma judicii* en présence d'un magistrat; à Rome et à Constantinople, ce magistrat était le *magister census*, et dans les provinces les *defensores civitatis*. L'insinuation suffisait à elle seule pour rendre les actes authentiques; aussi n'était-il pas nécessaire qu'ils eussent été rédigés par un tabellion ni même signés de trois témoins. Les parties contractantes n'avaient qu'à se présenter devant le préposé des Archives (*actuarius*) et à réquérir l'enregistrement de l'écrit dans le dépôt, en déclarant que l'écrit déposé était la manifestation exacte de leur volonté : « In donationi- » bus quæ actis insinuantur non esse necessarium » judicamus vicinos vel alios testes adhibere, nam » superfluum est privatum testimonium quum » publica monumenta sufficiant. Verum et illas » donationes, quas gestis non est necessarium » alligari, si forte per tabellionem vel alium scri- » bantur, et sine testium subnotatione, valere » præcipimus. » (31, C. *de don.*)

Cette insinuation était toute différente de celle de notre ancien droit et de notre transcription actuelle. D'abord c'était l'original lui même qui était déposé et non une copie ou un simple extrait. De plus cette insinuation s'appliquait non pas seulement à une certaine classe d'écrits mais à tous ceux auxquels les parties voulaient conférer l'authenticité. Nous avons vu également plus haut que c'étaient les parties elles-mêmes qui devaient se présenter devant l'*actuarius*. De cette façon, dit Justinien (nov. 73, chap. 7, § 3,) les parties éviteront les embarras d'une enquête ou de la vérifica- tion d'écritures : « de quibus licebit sese liberare contrahentes, si consenserint utrique ad hoc venire

ut insinuent instrumenta et profiteantur ea sub gestis monumentorum, ipsi contrahentes. » L'insinuation avait l'avantage de donner aux actes une durée
et une incommutabilité plus certaines en les met-
tant à l'abri des fraudes des particuliers. Tel est le
motif qui avait conduit Constantin à exiger que les
donations fussent insinuées. (27 C. de don.).

Les actes ainsi insinués devenaient à proprement
parler des actes publics *(monumenta publica)* faisant foi par eux-mêmes et ne pouvant être combat-
tus ni par la preuve testimoniale, ni par la vérification d'écritures : « Superfluum est privatum testimonium, quum publica monumenta sufficiant, »
(31, C. de don.). « Census et monumenta publica
potiora testibus esse senatus censuit. » Le témoignage de l'*actuarius* était comme celui du notaire
aujourd'hui un *testimonium publicum.*

Nous dirons en terminant cette matière qu'on
déposait aussi dans les archives des actes revêtus
déjà par eux-mêmes d'un caractère authentique.
C'étaient les registres du cens ; les livres civiques
des prêteurs *(professiones apud prætorem)*, les actes
de l'état civil *(professiones apud præfectos ærarii
Saturni)* en un mot tous les actes émanés de l'autorité publique.

SECTION II

ACTES FORENSES

Les scripturæ forenses étaient des écrits rédigés par des tabellions avec les formalités prescrites et en présence d'un certain nombre de témoins. Ces actes étaient appelés *forenses* parce que c'était au *forum* que se trouvaient les bureaux (*stationes*) des tabellions.

Ces actes, appelés également *instrumenta publicè confecta*, avaient une autorité supérieure à celle des actes privés. C'est ce qui ressort d'un texte que nous avons déjà cité (l. 11 C. qui pot. in pign.) Mais d'un autre côté on ne peut pas les assimiler complètement aux *acta publica*; car nous savons par exemple que la validité de ces derniers était absolument indépendante de la présence des témoins. (3, C. de don.).

Les tabellions ne ressemblaient en aucune façon aux officiers qui ont aujourd'hui chez nous le pouvoir de rédiger des actes authentiques. On trouve bien dans les textes les noms de *tabelliones et de notarii*; mais ils sont pris dans une acception toute différente de celle de *tabellion* dans notre ancienne jurisprudence et de *notaire* dans notre droit actuel. En droit romain, on désignait constamment par

ces mots un homme de plume, prêtant son ministère à ceux qui ne savaient point écrire, et servant
d'intermédiaire entre les parties pour rédiger leurs
conventions par écrit. Aussi est-il fort douteux que
le notariat tel qu'il s'est développé de nos jours,
tire son origine du tabellionat romain, c'est plutôt
croyons-nous, de notre ancienne jurisprudence.

Le nom de *tabularii* ou *notarii* fut le premier que
portèrent les tabellions ; c'étaient de simples scribes,
en général des esclaves publics qui écrivaient en
abréviation (*notis*) des actes de toute nature ; ils
sténographiaient les discours publics, d'où leur vint
le nom de *cursores* ou *logographi*; c'étaient, selon
le langage moderne, de véritables écrivains publics.
Bientôt ils acquirent une certaine influence dans
la cité, et les parties s'habituèrent à se servir de
leur ministère. Leur rôle prit alors le caractère
d'une véritable fonction publique, si bien que sous
l'Empire leur charge devint un office, et l'officier
qui en était chargé reçut le nom de *tabellio*.

Le nom de *tabularii* ou *notarii* ne servit plus
qu'à désigner les simples écrivains attachés aux
magistrats et aux tabellions eux-mêmes en qualité
de clercs.

§ 1. *De la forme des actes forenses.*

Voyons maintenant quelle était la forme des actes *forenses.* Les *tabularii* commençaient par rédiger un brouillon *(scheda)* qui n'était qu'un simple projet que le tabellion mettait ensuite au net *(in mundum)* d'abord sur des tablettes de bois enduites de cire *(cerœ);* puis sur une feuille de papier *(charta pura)* en tête de laquelle figurait le protocole *(protocollum).*

Ce protocole était une espèce de timbre portant le nom du ministre des finances *(comes sacrarum largitionum)* sous lequel on avait fait la *charta.* (Nov. XLIV, ch. 2.) On peut voir dans cette *charta pura* revêtue du *protocollum* l'origine de notre papier timbré. Justinien rendit l'emploi de ce papier obligatoire à Constantinople seulement à cause de la difficulté qu'on avait à s'en procurer dans les autres localités. « Ubi plurima quidem contrahentium multitudo, multa quoque chartarum abundantia est. » (Nov. XLIV, ch. 2).

Le tabellion ne signait pas l'original. Jusqu'à Justinien il en fut de même des témoins qui se contentaient d'y apposer leur sceau. Paul dans ses sentences (l. 5, tit. 25, § 6.) nous rapporte un sénatus-consulte qui exigea que les tablettes contenant les conventions fussent entourées d'un triple fil les traversant vers le milieu de la partie supérieure de

la marge et rattaché au bois par un sceau de cire :
« amplissimus ordo decrevit eas tabulas quæ pri-
» vati vel publici contractus scripturam continent,
» adhibitis testibus ita signari ut in summa mar-
» ginis ad mediam partem perforatæ triplici lino
» constringantur ut exteriores scripturæ fidem
» interiori servent. Aliter prolatæ tabulæ nihil
» momenti habent. » .

Les novelles 44, 47 et 73 règlent avec beaucoup
de détails les formalités relatives aux actes *forenses*.
Dans la novelle 44, chap. 1, *proœm.*, Justinien
exige que les tabellions assistent à l'expédition des
actes et en prennent connaissance avant de les para-
chever *(completionem imponere)* afin de pouvoir
plus tard fournir des renseignements précis à la justice : « Nos autem credimus oportere universis
» auxiliari et communem in omnibus facere legem :
» quatenus, præpositis operi tabellionum, ipsis per
» se omnibus modis injungatur documentum ut
» dum dimittitur intersit ; et non aliter imponatur
» chartæ completio, nisi hæc gerantur : ut habeant
» unde sciant negotium et interrogati a judicibus
» possint quæ subsecuta sint cognoscere et respon-
» dere, maxime quando litteras sint ignorantes qui
» hæc injungunt quibus facilis est et inconvinci-
» bilis denegatio eorum, quæ pro veritate secuta
» sunt. » Rien ne pouvait dispenser le tabellion de
cette présence effective, mais en cas de maladie, il
est autorisé à faire comparaître les parties devant
lui. Lorsque cette formalité n'avait pas été remplie,

l'acte n'était pas nul ; mais le tabellion était desti-
tué au profit de celui qu'il s'était substitué, si ce
dernier était capable de le remplacer. Cependant à
Constantinople, en raison de la multiplicité des
affaires, il fut autorisé à se faire représenter par un
maître clerc *(quasi vicarius)* agréé comme tel par le
magister census.

Cette même novelle exige encore, ainsi que nous
l'avons déjà dit, que l'acte soit rédigé sur du papier
revêtu du *protocollum*, mais à Constantinople seulement.

Elle défend également au tabellion d'écrire les
actes sur des feuilles dont le *protocollum* aurait
été coupé, sous peine de destitution.

Les actes doivent porter en tête le nom de l'empereur et l'année de son règne, le nom du consul
et l'année de ses fonctions ainsi que l'indication du
mois et du jour où l'acte a été rédigé. (Nov. 47,
ch. 1, *proœm.*)

La Novelle 73, ch. 5 fixe à trois le nombre des
témoins nécessaires à la validité de l'acte *forensis*
et recommande aux tabellions d'y mentionner leur
présence.

Cette même Novelle 73 veut que la *completio,*
c'est-à-dire la formule finale, constatant que l'acte
était *publice confectum,* soit écrite de la propre
main du tabellion.

§ 2. *De la foi due aux actes forenses.*

Ce n'est que lorsque toutes les formalités, dont nous venons de parler, auront été remplies, que l'acte *forensis* acquerra au point de vue de la preuve, une valeur supérieure aux actes privées ordinaires.

Mais les *scripturæ forenses* n'avaient pas elles-mêmes une force probante comparable à celle de nos actes authentiques; car elles n'étaient que l'application de la preuve testimoniale à la rédaction d'un acte, et le tabellion n'était considéré que comme un témoin d'un crédit supérieur à celui des autres.

Voilà pourquoi lorsque l'acte était produit en justice, c'était au *tabellio* à venir constater la sincérité de son écriture; s'il était mort, on appelait les témoins qui avaient assisté à la rédaction et ce n'est qu'à leur défaut qu'on recourait à la vérification d'écriture (Nov. 73, ch. 5). Si le tabellion n'ayant pas lui-même rédigé l'acte, s'était adjoint un scribe (*amanuensis*) et même quelquefois un *adnumerator* pour compter les espèces, ces deux auxiliaires devaient également être entendus sous la foi du serment. En cas de mort ou d'absence du tabellion leur témoignage était suffisant et l'on vérifiait la *completio.*

Si les autres étaient empêchés, le témoignage du

tabellion corroboré par son serment, dispensait de la compáraison d'écritures à laquelle on ne procédait qu'à défaut de tout autre ressource.

Il pouvait se faire que l'un des témoins instrumentaires vint déclarer qu'il n'avait pas été présent à la confection de l'acte. La force probante de l'écrit va-t-elle se trouve altérée par cette déclaration? Pour savoir si l'écrit devra être suspecté, il faudra se demander d'abord quel était le nombre de témoins qui ont assisté à sa confection. Or nous savons que le nombre de témoins nécessaires était fixé à trois. Si donc la déclaration dont nous avons parlé, n'entame pas ce chiffre parce que par exemple quatre témoins auront été présents, l'acte conservera toute sa valeur. Si au contraire par suite de cette déclaration le chiffre dés témoins se trouve réduit à deux, la foi due à l'écrit devra tomber parce que deux témoins ne suffisent pas pour la rédaction d'un acte *forensis*. Peu importe du reste que le nombre des témoins qui nient avoir assisté à la rédaction de l'acte soit supérieur à celui de ceux qui au contraire déclarent avoir été présents, tant que le chiffre réglementaire n'est pas entamé.

Et voici comment raisonnaient les Romains. Le témoin, disaient-ils, qui vient déclarer qu'il n'a pas assisté à la confection de l'écrit, témoigne d'un fait personnel et quel que soit le nombre de ceux qui font la même déclaration, ils ne témoignent jamais que d'un fait personnel à chacun d'eux.

Il en serait tout autrement si la somme de leurs déclarations portait sur un fait commun, si par exemple ils affirmaient que l'acte a été dressé hors de leur présence. On doit donc appliquer la maxime *testis unus, testis nullus*, du moment où il n'y a pas concours de plusieurs témoignages.

En traitant des formalités relatives aux actes privés, nous avons dit que l'empereur Léon (11 C. *qui pot. in pign.*) avait décidé que le porteur d'un titre authentique passerait sur le gage ou le bien hypothéqué avant le porteur d'un acte privé, quand même celui-ci aurait une date antérieure. Il nous reste encore trois autres différences à signaler entre les *instrumenta privata* et les actes *publice confecta*.

1° Nous savons que l'écrit privé ne fait foi qu'autant qu'il est reconnu pour vrai par celui auquel on l'oppose.

L'*instrumentum publice confectum* malgré les dénégations de l'adversaire, fait foi tant que la fausseté n'en a pas été démontrée par quelque moyen que ce soit. De plus, indépendamment de l'action de faux, qui pouvait être librement poursuivie, l'acte était provisoirement exécuté.

Telle est la décision que nous trouvons dans la loi 2, C. *de fide instr.* pour les dettes de sommes d'argent. Par cette loi Alexandre Sévère voulut empêcher le débiteur de retarder le payement, dans le seul but de préjudicier au créancier.

2° Nous avons vu précédemment que les écrits

privés, soit qu'ils aient été rédigés par les parties,
soit qu'ils l'aient été par un tiers, devaient toujours
être signés des parties contractantes. Le texte de la
loi 11 au C. *qui pot. in pign.* est formel à cet égard ;
tandis qu'au contraire nous ne trouvons nulle part
que les *scripturæ forenses* aient été soumises à cette
formalité.

3° Lorsqu'une femme intercédait pour autrui,
son obligation était nulle : « totam obligationem
senatus improbat, dit Julien (16, § 1, Dig., *ad sen-
cons. Velleian.*). Si, pour éluder l'application du
sénatus-consulte, elle déclarait dans un acte *publice confectum* avoir reçu telle somme en *mutuum,*
il ne lui était pas permis de le combattre *et inter-
cessio valebit.* Si au contraire elle s'était engagée par
un simple écrit privé, Justinien nous déclare formellement dans la loi 23, C. *ad sen. cons. Velleian;*
que la femme pourra invoquer la protection de la
loi : « Sed si quidem in ipso instrumento interces-
» sionis dixerit sese aliquid accepisse, et sic ad
» intercessionem venisse et hoc instrumentum pu-
» blice confectum inveniatur et a tribus testibus
» consignatum ; omnimodo esse credendum eam
» pecuniam vel res accepisse et non esse ei ad sena-
» tus-consulti Velleiani auxilium regressum. Sin
» autem, sine scriptis intercesserit, vel instrumento
» non sic confecto, tunc si possit stipulator osten-
» dere eam accepisse pecunias vel res et subiisse
» obligationem , repelli eum a senatus-consulti
» juvamine. »

Il est un cas où les *scripturæ forenses* ne font pas plus foi de l'aveu qu'elles contiennent que s'il s'agissait d'actes privés. C'est lorsque l'obligation a été contractée en vue d'une numération d'espèces qui n'a pas été effectuée, c'est-à-dire toutes les fois qu'il sera permis au débiteur d'invoquer l'exception *non numeratæ pecuniæ*. Nous en trouvons un exemple dans la loi 3 au Code *de Dot.* liv. 5, tit, 15; il s'agit d'un mari qui a donné quittance de la dot dans l'*instrumentum dotale* : « In dotibus quas datas
» esse dotalibus instrumentis conscribi moris esset,
» quum adhuc nulla datio, sed pollicitatio tantum
» subsecuta sit, liceat non numeratæ pecuniæ
» exceptionem opponere, non solum marito con-
» tra uxorem vel ejus hæredes... »

La loi 14 au C. *de fide inst.* nous dit que lorsque le plaideur produit deux écrits se contredisant mutuellement, on ne doit pas plus ajouter foi à l'un qu'à l'autre : « scripturæ diversæ fidem sibi invi-
» cem derogantes, ab una eademque parte pro-
» latæ, nihil firmitatis habere possunt. » Cette règle est commune aux actes privés et aux actes publics.

S'il s'agit d'un acte où se rencontrent des clauses opposées les unes aux autres, on devra les regarder comme non avenues mais le reste de l'écrit conservera toute sa valeur. Cette décision ne saurait s'appliquer aux clauses contradictoires d'un testament et relatives à des legs. Ce sera toujours la dernière disposition qui devra être exécutée ; car jusqu'à sa mort le testateur avait la liberté d'apporter des modifications à son testament. (L. 12, §3, Dig. *de leg.* pr.)

Qu'arriverait-il si les deux écrits opposés étaient produits non plus par la même personne mais par les deux adversaires, c'est-à-dire l'un par le demandeur et l'autre par le défendeur? L'un des deux l'emportera-t-il sur l'autre, ou au contraire conformément à la décision précédente, s'annuleront-ils mutuellement? Le juge devra former sa conviction d'après les circonstances. Si les écrits émanent de personnes différentes, le juge ajoutera foi à celui dont l'auteur lui paraîtra mériter le plus de confiance (13 Dig. *de Prob.*); proviennent-ils au contraire de la même personne, c'est en faveur de celui qui est le plus favorable au débiteur que le juge se décidera (125 D. *de reg. juris.*) Supposons que l'un des deux actes présentés au juge est *forensis*, tandis que l'autre est un *instrumentum privatum*. Sont-ils présentés par la même personne, c'est le plus favorable au débiteur qui l'emportera. Sont-ils au contraire produits par chacun des plaideurs, c'est celui qui invoquera l'écrit *forensis* qui aura gain de cause. (11 C. *qui pot. in pign.*)

Lorsqu'un titre était reconnu faux dans quelques-unes de ses dispositions, il ne s'ensuivait pas nécessairement que les autres clauses dussent perdre toute créance. Telle est la règle qui ressort clairement de la loi 42, C. *de transactionibus*: « Ita de-

» mum ut, si de pluribus causis vel capitulis eædem
» pactiones seu transactiones initæ fuerint, illa tan-
» tummodo causa vel pars retractatur, quæ ex
» falso instrumento composito. convicta fuerit,
» aliis capitulis firmis manentibus. » Supposons
un *chyrographum* constatant que Titius a donné à
Mævius 100 écus d'or, et que Sempronius est intervenu comme fidéjusseur pour garantir le remboursement; il est prouvé que Sempronius n'a pas accédé
à l'obligation de Mævius, le titre est donc faux
relativement à la fidéjussion, mais le *mutuum* n'en
restera pas moins établi contre Mævius par sa signature.

Lorsqu'un titre avait été reconnu faux, ce jugement n'était opposable qu'à celui contre qui la sentence avait été prononcée, conformément à la
maxime « res inter alios actas vel judicatas aliis
» non nocere, » (63 Dig. *de re jud.*). Si donc une
personne étrangère au procès, fait usage du titre
qui a été déclaré faux, il sera nécessaire d'intenter
contre elle une nouvelle action. (2, C. *de fide instr.*).

En cas de faux, la loi Cornelia, appelée également
Testamentaria Nummaria, parce qu'elle s'appliquait aux faux commis en matière de monnaie et
de testaments, infligeait aux esclaves la peine de
mort et aux hommes libres la déportation.

Bien qu'un acte eut été reconnu vrai par un premier jugement, il pouvait cependant être encore
argué de faux, pourvu toutefois que la personne
prête à intenter l'action affirmât par serment qu'elle

n'agissait pas par esprit de chicane *(de calumnia)*.

Aussi celui qui avait produit le titre dans le premier litige était-il obligé de le représenter de nouveau ou de jurer qu'il avait cessé de le posséder sans dol. A défaut de ce serment ou de cette production, le titre était réputé faux. Cependant, comme le refus de serment pouvait tenir à un scrupule de délicatesse fort respectable, la peine du faux en ce cas n'était pas encourue. (22, C. *in fine, de fide instr.*)

Conformément à la règle « *confessi in jure pro judicatis habentur,* » celui qui reconnaîtra devant le magistrat la fausseté du titre qu'il a produit, ne pourra plus désormais en faire usage dans les procès qui se renouvelleraient plus tard entre les mêmes parties, (3, C. *de fide inst.*). S'il s'était contenté de déclarer qu'il ne s'en servirait pas, à cause des doutes qui s'étaient élevés sur la validité de son titre, la partie adverse ne pouvait bénéficier de cette déclaration que si elle réunissait trois conditions. Il fallait : 1º Que cette déclaration eut été faite formellement en présence de témoins ; 2º qu'elle eut eu lieu *in jure,* sinon la maxime citée plus haut n'eut pas été applicable, à moins cependant qu'il n'eut été convenu entre les deux plaideurs de ne pas en user, auquel cas l'adversaire lui eut opposé l'exception *pacti conventi* ; 3º il fallait encore que la déclaration fut intervenue au moment où la validité du titre avait été contestée ; car à un autre moment il pourrait arriver que ce fut un tout autre motif que celui de la fausseté du titre, qui ait entraîné le producteur du titre à faire cette déclaration.

La loi Cornelia, qui réglait la procédure du faux, punissait celui qui avait fait usage de la pièce fausse comme les auteurs et les complices du faux lui-même, (C. *ad leg. Cor. de falsis*). Cependant tandis que l'action était perpétuelle contre l'auteur et les complices, elle s'éteignait contre le porteur de la pièce fausse s'il s'engageait à ne plus s'en servir.

Celui qui succombait dans une procédure de faux, était condamné à la peine du talion, (3, C. *de fide inst.*).

CHAPITRE III

De l'autorité de la preuve littérale à l'encontre de la preuve par témoins.

Lorsque dans une même affaire l'un des plaideurs invoquait vis-à-vis de l'autre une preuve écrite tandis que son adversaire lui opposait une preuve orale, les interprètes du droit romain se sont demandés quelle était celle à laquelle le juge devait accorder la préférence. Nous allons examiner successivement les trois systèmes principaux qui ont été formulés sur cette question.

PREMIER SYSTÈME. — *La preuve testimoniale a plus de force que la preuve littérale.* Cette opinion de Treutler et de Schulting, qui donnent aux témoins la supériorité même sur les écrits publics, s'appuie d'abord sur un rescrit d'Adrien, que l'on trouve dans la loi 3, § 3, Dig. *de test.* : « Divus Adrianus res- » cripsit testibus se, non testimoniis crediturum. » Ce membre de phrase, considéré isolément, semble donner raison aux partisans de ce système ; mais si l'on continue la lecture du texte, on voit qu'Adrien ne suppose nullement qu'il y a conflit entre les témoins et les écrits, mais qu'il se borne tout sim- plement à recommander au juge d'entendre lui-

même les témoins dans les causes criminelles et de
ne pas se contenter de leurs dépositions écrites.
« Verba epistolæ, dit Callistrate, ad hanc partem
» pertinentia hæc sunt : quod crimina objecerit
» apud me Alexander Apro ; et quia non probabat
» nec testes producebat, sed testimoniis uti volebat
» quibus apud me locus non est : nam ipsos interro-
» gare soleo. »

On invoque encore le passage suivant de la novelle 73 (ch. 3). « Tunc nos quidem existimavimus
» ex quæ viva dicuntur voce et cum jurejurando,
» hæc, digniora fide quam scripturam ipsam secun-
» dum se subsistere. » Ce texte pas plus que le précédent, n'a aucun rapport avec la question dont il
s'agit. Dans le chapitre 3 de cette novelle, Justinien
se préoccupe fort peu de savoir si la preuve littérale
est supérieure ou inférieure à la preuve testimoniale.
Il déclare seulement que lorsque des écrits sont
ontestés et soumis à vérification, l'expédient juridique de la comparaison d'écritures ne lui inspire
pas autant de confiance que le témoignage de gens
qui ont assisté à la rédaction.

Enfin, on va chercher dans le plaidoyer de Cicéron, *pro Archia poeta* (ch. 4), un passage qui n'a
pas plus de rapport à notre question que les textes
précédents : « Est ridiculum..... quum habeas am-
» plissimi viri religionem integerrimi municipii
» jusjurandum fidemque, ea, quæ depravari nullo
» modo possunt, repudiare ; tabulas, quas idem
» dicis solere corrumpi, desiderare. » En s'expimant

ainsi Cicéron ne prétend nullement détruire par des témoignages l'autorité des écrits, il ne demande qu'à suppléer par des témoins à des registres qui n'existent plus. C'est ce qui résulte de la phrase suivante : « Hic tu tabulas Heraclensium publicas » desideras ? quas italico bello, incenso tabulario, » interiisse simul omnes. » Est-il possible que Cicéron ait songé à un conflit entre deux genres de preuves, dont l'une, dans le cas dont il s'occupe, fait complétement défaut ?

Deuxième système. — Ici se présente le système radicalement opposé au précédent. C'est celui qui a été soutenu par Pothier et Domat. « La preuve littérale, disent-ils, a plus de force que la preuve testimoniale. » *Contra scriptum testimonium, non scriptum testimonium non fertur*, (1, C. *de testibus*).

Cette constitution perd toute sa valeur quand on sait qu'elle a été rétablie au Code par Cujas d'après les Basiliques. Sa date est incertaine et il est probable qu'elle n'appartient pas à Caracalla, mais à un Empereur plus récent. Remarquons du reste, que le texte des Basiliques a été interprété de différentes façons par les commentateurs. Les uns le traduisent ainsi : Les témoins signataires d'un acte ne sont pas admis à en démentir l'énoncé. Les autres l'entendent en ce sens que la déposition verbale n'est pas admise contre la déposition écrite, c'est-à-dire que le témoin n'est pas admis à démentir de vive voix la déposition écrite par lui ou sous sa dictée, par application du principe : « testes qui adversus fidem

suam testationis vacillant, audiendi non sunt. »
(2 Dig. de test.)

Troisième système. — Les partisans de cette troisième opinion, parmi lesquels figurent Zœius, Voët
et Cujas, mettent les deux genres de preuve sur la
même ligne. Laissant de côté la loi 5 au Code *de
testibus*, qu'ils considèrent comme apocryphe, ils
se fondent principalement sur la loi 15 au Code *de
fide instr.* « In exercendis litibus eamdem vim obtinent tam fides instrumentorum quam depositiones
testium. » Ces auteurs prétendent que le juge, dans
le cas ou les écrits seraient en opposition avec les
témoins, devrait donner la préférence au genre
de preuve qui, dans la circonstance lui paraîtra
mériter le plus de confiance. Voilà pourquoi la loi
14 au Code de *contrahendâ* et *committenda stipu-
latione* met la preuve testimoniale au-dessus de la
preuve écrite, tandis qu'au contraire la loi 10 Dig.
de prob. prohibe l'admission de la preuve par
témoin contre un écrit.

Nous ferons remarquer aux partisans de ce système que la loi 15 C. *de fide instr.* en attribuant aux
écrits la même force qu'aux témoins, les considère
isolément et ne suppose nullement un conflit entre
ces deux modes de preuve. De plus si tous ces auteurs sont d'accord sur l'énoncé même du principe,
il faut avouer qu'ils sont bien divisés lorsqu'il
s'agit d'en faire l'application.

Quelques-uns et parmi eux *Struvius* distinguant

les causes publiques des causes privées donnent la préférence à l'écrit dans les premières.

D'autres avec Cujas pensent que la preuve testimoniale est préférable dans les questions de fait ; mais qu'on doit accorder la prééminence à la preuve littérale dans les questions qui concernent les droits, les qualités et l'état des personnes.

Quant à Doneau il établit une distinction entre les *instrumenta publica* et les *instrumenta privata* ou *publice confecta*. Les premiers ont une autorité supérieure à celle des témoins : « Census et publica monumenta potiora testibus esse senatus censuit. » 31 C. *de don.*) « Nam superfluum ést privatum testimonium, quum publica monumenta sufficiant » Les seconds sont sur la même ligne que la preuve testimoniale d'après la règle énoncée dans la loi 15 au Code *de fide instr.*

C'est par la méthode historique que M. Derome nous explique les contradictions que nous rencontrons dans les textes.

Tout d'abord la preuve testimoniale régna en maîtresse absolue. Lorsque l'écriture commença à se répandre, la preuve par témoins dut subir la concurrence de la preuve littérale.

Certes, dans la première période de la lutte il est permis de conjecturer que l'avantage demeura à la preuve qui s'appuyait sur l'habitude et sur la tradition. Mais avec le temps l'égalité se fit, et Constantin nous en donne la formule dans la loi 15, C. *de fide instr.* — Plus avantageuse, parce qu'elle était

plus certaine, et n'ayant plus, dans cette époque
de civilisation, a lutter contre l'ignorance, qui avait
été aux premiers temps de Rome sa principale en-
nemie, la preuve littérale fit des progrès rapides et
prit bientôt sur la preuve testimoniale une supériorité qui nous est attestée pour la première fois
par le jurisconsulte Paul, lorsque généralisant le
principe de la loi 10, Dig. *de probat.*, il étend l'autorité des *instrumenta* à tous les écrits dont la sincérité n'est pas mise en doute : « Testes, quum de
fide tabularum nihil dicitur, adversus scripturas
interrogari non possunt. » (Paul, sent. V. 15, § 4.)

Dans la loi 25 *de probat.* au Digeste, Paul refuse
le bénéfice de la preuve testimoniale à celui qui s'est
reconnu débiteur par un écrit constatant la cause
de la dette. Le style de ce texte dit M. Bonnier
(Traité des preuves, n° 680) indique évidemment
une interpolation. Les expressions : « *cautio inde-*
» *bite exposita, indiscrete loquitur, indebite promi-*
» *sisse,* etc., » appartiennent à la langue du Bas-
Empire; la distinction entre le cas où la cause est
exprimée et celui où le billet *indiscrete loquitur* est
présentée par Justin comme une innovation. Mais
que ce texte soit postérieur à Paul, peu importe; il
ne fait que reculer le développement de l'autorité
de la preuve littérale.

Un rescrit d'Adrien en 223 exige un écrit pour
établir l'engénuité; les témoins ne suffisent pas
(2 C. *de test.*). Au V° siècle, c'est-à-dire trois siècles
après Paul, Justin dans la constitution qui forme

la loi 13 du C. *de non num pec.*, généralise le principe de la loi 25 *de probationibus*, et il refuse formellement la preuve testimoniale contre l'autorité de la *cautio*.

Dans la loi 14 au C. *de contr. et comm. stipul.*; Justinien paraît abandonner ce principe. Remarquons qu'il s'agit dans l'espèce d'un écrit constatant un contrat pour la formation duquel la présence des parties est indispensable et c'est précisément sur cette présence bien que mentionnée dans l'acte que porte le doute. Du reste Justinien n'admet dans ce cas des témoins qu'avec de grandes précautions : « vel saltem per testes undique ido-
» neos et omni exceptione majores. »

Dans la loi 18 au C. *de test.*, sans proscrire entièrement la preuve testimoniale au cas du payement total ou partiel d'une obligation constatée par écrit, nous voyons Justinien la règlementer et ne l'admettre qu'à défaut d'écrit : « Nisi quinque
» testes idonei et summæ atque integræ opinionis
» præsto fuerint solutioni celebratæ hique cum
» sacramenti religione deposuerint sub præsentia
» sua debitum esse solutum. »

Si l'exception *non numeratæ pecuniæ* semble faire brèche à l'autorité de l'écrit, ce n'est pas dans tous les cas au profit de la preuve testimoniale puisque les témoins ne sont pas invoqués pour attaquer le contenu de l'écrit (M. Derome).

Nous avons dit dans notre introduction que la règle posée du temps d'Adrien semblait avoir persévéré pendant toute la décadence de l'empire d'Orient.

En définitive pour résoudre la question sous le règne de Just nien, il faut établir une distinction, dont nous trouvons la formule dans les sentences de Paul (liv. 5, tit. 15, § 4). « Testes, quum de fide » tabularum nihil dicitur, adversus scripturam » interrogari non possunt. » Ainsi veut-on attaquer la sincérité de l'écrit, en rechercher l'origine? On peut recourir aux deux modes de preuve. Veut-on au contraire sans contester la sincérité de l'écrit soutenir que les conventions ont été différentes de ce que porte sa teneur alors la preuve testimoniale sera repoussée ou du moins ne sera admise qu'accessoirement à la preuve littérale.

Disons en terminant qu'au point de vue de l'admissibilité la preuve littérale jouit d'une certaine supériorité sur sa rivale. Car aucune loi ne la repousse et elle est admise partout où elle est possible (M. Derome).

CHAPITRE IV

De la production et de la perte des titres.

Pour compléter notre travail, nous pensons qu'il convient de dire quelques mots des règles relatives à la production et à la perte des titres.

De la production des titres.

Lorsque les parties sont devant le juge, le fardeau de la preuve doit incomber à celle qui articule un fait nouveau contraire à la présomption de liberté et d'indépendance qui est supposée exister entre tous les hommes. Tel est le sens de la maxime : *actori incumbit onus probandi.* Si donc le demandeur se prétend créancier qu'il prouve sa créance. Mais quand la preuve de la demande a été faite, les situations sont changées. Le créancier jouit d'une position qu'il a conquise, et la défense ne pourra l'en chasser qu'en fournissant à son tour la preuve de l'extinction de la créance. C'est ce que l'on exprime en disant : *reus in exceptione actor est* (l. 1, Dig. *de probat.*)

Ainsi donc le demandeur qui fondera sa prétention sur un titre constatant qu'il a passé contrat avec le défendeur, n'aura, pour obtenir gain de cause qu'à exhiber l'écrit dont il s'agit. Cependant il peut se faire que ce titre non-seulement ne soit plus entre ses mains, mais même soit au pouvoir de son adversaire. Dans ce cas le défendeur, en vertu du principe *nemo cogitur edere contra se* ne sera pas obligé de fournir une preuve qui se retournerait contre lui. Telle est la décision formelle des empereurs Maximien et Dioclétien que nous trouvons au Code l. 7 *de test.*, « Nimis grave est quod » petitis, urgeri partem diversam ad exhibitionem » eorum per quos sibi negotium fiat; unde intelli- » gitis quod intentionis vestræ proprias afferre » debetis probationes, non adversus se adversarius » adduci. »

Il y avait cependant quelques exceptions à ce principe. S'il s'agissait de titres constatant des obligations réciproques, comme par exemple des titres de vente ou de louage, la partie qui les détenait était obligée de les produire; il en était de même des livres des marchands contenant l'*acceptum* et l'*expensum*.

Le contribuable qui avait perdu ses quittances, pouvait lorsqu'il était actionné par le fisc, exiger la représentation des registres fiscaux (4 et 6 C. *de fide instr.*)

Enfin, la loi 1, C. *de edendo*, nous dit que le juge pourra forcer le défendeur à exhiber ses livres dans le cas où il s'agira de la répétition d'un dépôt confié.

Si l'on suppose que le titre soit non plus au pouvoir de l'adversaire mais entre les mains d'un tiers étranger au procès, de même que le juge pourrait le contraindre à venir déposer oralement, il pourra également le forcer à exhiber des documents dont la production lui paraît indispensable au procès, pourvu toutefois que le tiers n'ait pas à en souffrir. Ajoutons encore qu'on était dispensé de produire des titres qui pouvaient nuire à certaines personnes auxquelles on était uni par des liens de parenté ou de patronage, c'est-à-dire à ceux contre qui on n'était pas forcé de porter témoignage.

Gaius nous apprend aussi (10, Dig. *de edendo*) que l'Edit prétorien avait astreint les *argentarii* à communiquer leurs livres. Mais pour éviter les abus, la communication des registres n'avait lieu que dans certaines conditions et après serment préalable *de calumnia* imposé à celui qui en demandait la représentation.

Lorsque le titre avait été produit on ne pouvait plus le retirer du procès ni en refuser la communication à la partie qui prétendait l'attaquer, sauf au cas où le titulaire affirmait sous serment l'avoir perdu sans fraude.

C'était avant la *litis contestatio* que le demandeur devait exhiber le titre; quant au défendeur, il pouvait le produire en tout état de cause. Mais le fisc demandeur jouissait du privilége de contraindre le défendeur à faire connaître d'avance sûr quels titres il fondait sa prétention (2, Dig., *de jure fisci*).

Cependant on n'était tenu de communiquer que la partie de l'écrit sur laquelle portait la contestation (3 et 10, Dig. *de edendo*).

De la perte des titres.

Dans la législation romaine où dans la plupart des cas l'écrit n'était pas exigé pour établir la validité mais pour faciliter l'administration de la preuve des conventions, on s'explique facilement pourquoi la perte du titre ne portait pas grand préjudice à celui qui avait à sa disposition d'autres moyens de preuve. Ainsi nous avons vu que le contribuable, qui avait perdu ses quittances, n'avait pas à craindre de payer une seconde fois, puisqu'il avait le droit d'exiger la représentation des registres fiscaux.

Lorsque le créancier alléguait avoir perdu son titre par cas fortuit, il devait prouver le cas for- (5, C. *de fide instr.*) Mais il y avait certains cas où la production du titre était seule admise à l'exclusion de tous les autres moyens de preuve. Ainsi pour l'ingénuité, la loi 2, au C. *de testibus* nous dit : « Si tibi controversia ingenuitatis fiat, de- » fende causam tuam instrumentis et argumen- » tis quibus potes ; soli enim testes ad ingenui-

» tatis probationem non sufficiunt. » On exigeait également un *instrumentum dotale* comme preuve du mariage, lorsqu'il s'agissait de légitimer des enfants issus d'une union précédente, ou bien quand le mariage avait lieu entre une personne illustre et une femme « quæ ludis scenis sese im- » miscuerunt » (10 et 11, C. *de natur. liber;* — *Justi., de nupt.* § 13). Cujas nous apprend que, dans le cas où la rédaction d'un écrit était nécessaire, on ne pouvait établir la teneur de la convention, qu'après avoir préalablement prouvé la perte du titre qui la constatait.

DROIT FRANÇAIS

DE L'ADMISSIBILITÉ
DE LA PREUVE TESTIMONIALE

NOTIONS HISTORIQUES

Nous venons de voir qu'à Rome on avait admis les principes les plus larges en matière de témoignage. A l'époque de l'invasion des Barbares tant la preuve littérale que la preuve testimoniale sont momentanément remplacées par des genres de preuves appropriés à une société brutale et grossière. Ce sont les épreuves par le fer rouge, le feu, l'eau, le sort, le combat judiciaire, le serment de la partie confirmé par les *cojuratores*. Mais on ne tarda pas à comprendre que se servir de pareils procédés, c'était remettre la décision des litiges au parjure, au hasard, à la force brutale. Aussi en revint-on à la preuve testimoniale, que l'on préféra même à la preuve littérale, ce qui s'explique facilement si l'on songe qu'au Moyen-âge l'art d'écrire n'était guère pratiqué que par un certain nombre de clercs. De là la maxime : *témoins passent lettres*. Cependant au XIII⁰ siècle, Beaumanoir, essaya de donner la prééminence à la preuve littérale. Cil, dit-il, (ch. XXXIX, § 3), qui s'obligea, nie l'obligation, il ne le convient prover, fors par lettres. Mais cette doctrine ne prévalut pas ; car au XV⁰ siècle, nous lisons dans la somme rurale de Bouteillier, (titre CVI). « S'il » advient, qu'en jugement une partie se veuille » aider de lettres en preuve, et l'autre partie se » veuille aider de témoignage singulier, sachez que » la vive voix passe vigueur de lettres, si les témoings » sont contraires aux lettres. Et se doit le juge plus » arrester à la déposition des témoings qui de saine » mémoire déposent et rendent sentence de leur » déposition, que à la teneur des lettres qui ne » rendent cause. » Cependant il ajoute qu'en matière de rentes annuelles, (ce qui comprenait alors les créances les plus importantes), « lettres sont plus » à croire que vive voix de témoings, si on ne pro- » pose fausseté contre les dites lettres. »

Il n'y avait pas que la preuve des conventions qui fut ainsi abandonnée au souvenir et à la bonne foi des témoins. On y avait aussi recours pour établir l'existence d'un jugement ou d'une coutume. Voilà l'explication de la procédure *des records*, analogue à l'*action judicati* du droit romain, et des enquêtes *par tourbes*.

Ce fut en Italie, en 1453, que la réaction commença à s'opérer contre un état de choses aussi favorable à la multiplication des procès. Un statut de Bologne, approuvé par le pape Nicolas V, défendit la preuve par témoins des paiements au-dessus de cinquante livres : « ad obviandum ne infra scriptis casibus falsi » testes producantur, in quibus facile produci con- » sueverunt..... » De même les statuts de Milan, en 1498, interdirent la preuve testimoniale en certains cas.

En France, ce ne fut qu'au XVIe siècle, époque où la rédaction des coutumes fit disparaître l'usage des enquêtes par tourbes, que s'opéra la réforme. Ce fut du Midi, d'un pays de droit écrit qu'émana la proposition de la réforme dont l'Italie venait de donner l'exemple. Le parlement de Toulouse envoya des députés auprès de Charles IX, aux Etats de Moulins. Ils sollicitèrent et obtinrent la disposition qui forme l'art. 54 de l'Ordonnance de 1566, aux termes duquel il doit être passé contrat de toutes choses excédant la valeur de cent livres.

Le préambule de l'Ordonnance ne fait allusion qu'à la complication des procédures sans s'arrêter au danger de la subornation des témoins : « Pour » obvier, dit ce préambule, à la multiplication des » faits, que l'on a vu ci-devant être mis en avant » en jugement, sujets à preuve de témoins et repro- » ches d'iceux, dont adviennent plusieurs inconvé- » nients et involutions de procès. » Néanmoins ce danger n'avait pas échappé aux contemporains;

car nous trouvons dans Loisel ce fameux adage coutumier : « Fol est qui se met en enquête ; car qui mieux abreuve, mieux preuve. »

Quoiqu'il en soit, cette Ordonnance de Moulins opéra une véritable révolution dans la législation. C'est ce qui nous explique les paroles suivantes de Boiceau, le célèbre commentateur de l'époque : « Quum primum nata et promulgata fuit hæc Ca-» roli IX regia sanctio, plerisque visa est et dura, » et odiosa, et juri contraria. » Cette disposition était *dure* parce qu'elle obligeait les parties souvent fort illétrées à avoir recours à l'écriture ; *odieuse*, parce qu'elle semblait exclure la bonne foi dans les rapports des hommes entre eux ; enfin *contraire au droit*, c'est-à-dire au droit romain. Mais cette défaveur ne fut pas de longue durée et l'Ordonnance obtint bientôt l'approbation du plus grand nombre, et notamment du Parlement de Paris : « Nulla » toto hoc sæculo constitutio ac lex regia sanctior » ac probatior visa fuit amplissimo nostro Galliæ » senatui. »

Désormais le principe « *témoins passent lettres*, est renversé. On devra dire *lettres passent témoins.*

Le nouveau principe s'affirme dans les diverses branches de la législation. Ainsi en 1579 l'ordonnance de Blois, confirmant celle de Villers-Cotterets (1539) oblige les curés à mentionner sur les registres de la paroisse l'heure des naissances et des décès. Celle de 1639 exige un écrit pour constater la célébration du mariage devant l'Eglise.

Enfin sous Louis XIV la célèbre Ordonnance sur la procédure d'avril 1667 (tit. XX, art. 2) confirme et développe les règles posées dans celle de Moulins. — Nous aurons l'occasion dans le cours de cette étude de donner quelques détails sur ces deux ordonnances. Car le législateur moderne s'inspirant des motifs qui les avaient fait édicter a consacré les restrictions apportées par elles à l'admissibilité de la preuve testimoniale. Aussi verrons-nous que l'art. 1341 du Code civil, qui est l'article fondamental de la matière, n'est en réalité que la reproduction des dispositions de ces ordonnances.

Nous pensons que les rédacteurs du Code ont fait œuvre de sagesse en persistant dans cet ordre d'idées. Car si la multiplicité des procès et les involutions de procédure résultant du système adverse seraient toujours à craindre, on n'aurait pas moins à redouter la corruption des témoins. Dans un état de civilisation aussi avancée que la nôtre, il n'est aucune prétention si injuste qu'elle soit qui ne puisse prévaloir à l'aide de témoins corrompus. Et alors que de peine les juges n'auraient-ils pas à discerner la vérité au milieu des témoignages les plus contradictoires et les plus suspects. Du reste, les souvenirs s'effacent et après un certain temps les témoignages des hommes ne reproduisent souvent que d'une manière très-imparfaite les événements qui se sont passés. Tels sont les inconvénients et les dangers que le législateur moderne a essayé de prévenir en opposant quelques restrictions à l'admissibilité de la preuve par témoins.

Législation actuelle.

Après avoir examiné les règles générales sur l'admissibilité de la preuve testimoniale en matière de
conventions, nous indiquerons sommairement les
règles spéciales qui concernent les questions d'état.

CHAPITRE PREMIER

Règles générales en matière de conventions

L'art. 1341, qui est le siége principal de la matière est ainsi conçu : *Il doit être passé acte devant notaire ou sous signature privée de toutes choses excédant la somme ou valeur de 150 francs même pour dépôts volontaires ; et il n'est reçu aucune preuve par témoins contre et outre le contenu* aux actes, ni sur ce qui serait allégué avoir été dit avant, lors ou depuis les actes, *encore qu'il s'agisse d'une somme ou valeur moindre de 150 francs* ; le tout sans préjudice de ce qui est prescrit dans les lois relatives au commerce.

De la rédaction de cet article il résulte : 1° que la loi défend aux juges d'avoir recours à une enquête toutes les fois qu'il s'agit d'un intérêt excédant la somme ou valeur de 150 francs ; 2° que même au cas où il s'agirait d'un intérêt moindre de 150 francs, dès lors que cet intérêt est constaté par écrit, elle refuse de lui entendre des témoins qui viendraient contredire ou étendre les énonciations de cet écrit.

Telles sont les deux règles que nous allons successivement passer en revue. Quant à la dernière partie de l'article, elle trouvera naturellement sa place au chapitre des Exceptions.

SECTION PREMIÈRE

EXCLUSION DE LA PREUVE TESTIMONIALE DANS LES CHOSES EXCÉDANT
LA VALEUR DE 150 FRANCS

La loi exige qu'un écrit soit dressé toutes les fois qu'il s'agira d'un intérêt excédant 150 francs. Si les parties négligent d'accomplir cette formalité, elle les punit en leur refusant le bénéfice de la preuve par témoins. Il est vrai que cette sanction ne résulte pas directement du texte du Code. Mais il est facile de la suppléer en se reportant aux art. 1343 et suivants qui la mentionnent expressément et l'appliquent aux exemples qu'ils donnent de la règle que nous étudions. Du reste, on ne saurait douter que l'art. 1341 ne soit conçu dans le même esprit et ne contienne la même exclusion que l'art. 54 de l'Ordonnance de 1566, qui était formel à cet égard : « Seront passés contrats, dit-il, par devant notaires » et témoins par lesquels contrats seulement » sera faite et reçue toute preuve ès-dites matières. »

Les anciennes Ordonnances fixaient à 100 livres la somme au delà de laquelle la preuve par témoins ne devait plus être admise. Aujourd'hui le taux fixé par le Code civil, est de 150 francs. Il est facile de voir que la prohibition, loin d'avoir été adoucie a été au contraire bien aggravée. Car les 150 francs de notre époque, ont une valeur bien inférieure aux 100 livres d'autrefois. Cette aggravation a été faite volontairement par le législateur ainsi que le constate le rapport du Tribunat, non pas à cause de la proportion toujours croissante de la corruption des mœurs, mais parce que l'usage de l'écriture étant beaucoup plus répandu, il est plus facile de se procurer une preuve littérale.

Ainsi jusqu'à 150 francs, la loi admet la preuve par témoins dans la crainte de gêner et d'entraver d'une manière préjudiciable les relations les plus simples et les plus ordinaires de la vie. Du reste, a-t-on à craindre la subornation des témoins en présence d'intérêts aussi modiques ?

Toutefois cette nécessité d'un acte écrit quand il s'agit d'un intérêt supérieur à 150 francs, ne concerne que la preuve du contrat et ne touche point, quant au fond, à sa validité. Notre art. 1341 ne fait pas une application de la théorie relative aux actes solennels tels que les contrats de donation, d'hypothèque, etc., pour lesquels on peut dire *forma dat esse rei*. Il a uniquement pour but de refuser aux parties l'emploi de la preuve testimoniale, mais n'entend nullement leur refuser les autres genres de preuve, c'est-à-dire l'aveu et le serment. S'il en était autrement il n'y aurait plus en droit français que des actes solennels et nous savons combien l'esprit de formalisme répugne à notre législation. Du reste comment justifierait-on la dis-

position de l'art. 1347 qui admet la preuve testimoniale, quand il existe un commencement de preuve
par écrit.

Nous retrouvons dans l'art. 1341 l'expression
toutes choses, employée déjà par l'Ordonnance de
Moulins. Les auteurs contemporains s'attachant
au texte même de l'Ordonnance qui disait, *seront
passés contrats* de toutes choses..... prétendaient
qu'elle n'était applicable qu'aux contrats (Pothier,
Oblig. n° 786). Mais l'Ordonnance de 1667 (tit. XX,
art. 2), ayant pris soin de ne pas employer le mot
de contrats, et d'y substituer celui d'*actes* il ne fut
plus permis de douter que par ce terme on eut
voulu comprendre aussi bien les *distrats* que les
contrats. C'est ce qu'exprime fort bien du reste
l'art. 19 de l'Edit des archiducs de Flandre de 1611,
lorsqu'il dit : *toutes choses dont nos sujets vou-
dront traiter ou disposer.* Tel est également le sens
que l'on doit donner à notre art. 1341. Les choses
qui ne peuvent se réduire par écrit, disait l'avocat
général Joly de Fleury, *qui ne sont pas susceptibles
de conventions, n'ont jamais été comprises* dans cette
disposition. Le projet de l'art. 1341 reproduisant
cette théorie, portait qu'il doit être passé acte devant notaires ou sous signature privée *de toutes
conventions sur* choses excédant la somme ou valeur de 150 francs.

Il est vrai que dans la rédaction définitive ces
mots *conventions sur* ont disparu ; mais nous ne
trouvons aucun motif de cette suppression dans les

travaux préparatoires. Du reste on comprend que le législateur ait hésité à se servir de cette expression ; car elle ne saurait guère s'appliquer au paiement des arrérages d'une rente, paiement dont le créancier a intérêt à justifier pour éviter la prescription. Et cependant du moment où le capital de la rente est supérieur à 150 francs, il est en faute de ne pas s'être fait délivrer une contre-quittance par son débiteur, et on ne doit pas lui permettre d'avoir recours à la preuve testimoniale conformément à l'art. 1348. Un arrêt de la Cour de Douai en sens contraire a été cassé par la Cour de cassation le 28 juin 1854. Ceux qui nous combattent, s'appuyant sur la rédaction de l'art. 1348, prétendent que si la loi a pris la peine d'excepter de la règle les délits et les quasi-délits, c'est que sans cette précaution ils eussent été soumis àla règle. Nous leur ferons remarquer que la rédaction de cet article est inexacte et que les actes illicites n'avaient nullement besoin d'être exceptés. Aussi Boiceau nous dit-il, (liv. 1er, chap. 10, no 5) : « Quod autem ad obligationes ex maleficio descen- » dentes satis vulgatum est eas hàc lege non com- » prehendi, quia scriptis delinqui non solent, imo » clam vel noctu. »

Ainsi donc pour bien interpréter cette expression nous croyons qu'il faut, ainsi que nous l'avons fait se reporter aux documents de l'ancienne jurisprudence.

La mention spéciale que contient l'article sur le

dépôt volontaire est la reproduction d'une partie
de l'art. 2, tit. XX de l'ordonnance de 1667. Bien
que l'ordonnance de Moulins eut ordonné de passer
contrats de toutes choses excédant 100 livres et que
le dépôt fut un contrat, on avait douté que le dépôt
volontaire fut soumis à cette règle.

« La raison de douter, nous dit Pothier, était
» qu'on ne fait pas ordinairement d'acte par écrit
» de depôt; que celui qui prie son ami de se char-
» ger de la garde des choses qu'il lui confie, n'ose
» pas ordinairement demander une reconnaissance
» à ce dépositaire, qui ne se charge de ce dépôt que
» pour lui faire plaisir. » Mais les rédacteurs de
l'ordonnance de 1667 ainsi que ceux du Code n'ont
pas été touché de cette considération et ont cru devoir
décider formellement que le dépôt ne pourrait pas
plus se prouver par témoins que les autres contrats.
En effet le déposant est libre de déposer. S'il a eu
trop grande confiance dans le dépositaire et n'a pas
cru devoir exiger un écrit, c'est à lui de subir les
conséquences de son imprudence. On peut ajouter
encore que cette nécessité d'un écrit est une précaution prise non pas contre le dépositaire, mais contre
ses héritiers qui ignorant le dépôt, auraient pu
peut-être le nier légitimement plus tard.

La question avait été également agitée au sujet du
prêt à usage. Bien qu'elle n'ait pas été tranchée formellement comme pour le cas précédent, on doit
adopter la même solution; car la situation du prêteur mérite encore moins d'intérêt que celle du dépo-

sant. A plus forte raison en serait-il de même s'il
s'agissait du louage de choses mobilières, telles que
d'un cheval, d'une voiture, etc.

Ce n'est pas sans motif que notre art. 1341 se sert
des mots « somme » ou « valeur. » Car il ne s'agit
pas toujours d'une convention ayant pour objet de
l'argent, et il peut être nécessaire d'évaluer. c'est-à-
dire de convertir en argent l'intérêt engagé.

Dans le silence du demandeur comme la loi n'a
déterminé aucun élément auquel il faille s'attacher
pour rechercher si le litige dépasse ou non cent cinquante francs, le juge sera nécessairement investi
d'un pouvoir discrétionnaire. Il devra dit Boiceau
(liv. 1er, chap. XVIII, no 3) consulter avec soin
les documents de la cause, et n'ordonner une
expertise qu'en cas d'absolue nécessité. On évi-
tera ainsi les doubles frais résultant d'une expertise et d'une enquête. La même question se
présente lorsqu'il s'agit de savoir si le jugement
d'un tribunal d'arrondissement est rendu en premier ou en dernier ressort ; mais alors, *du moins en
matière immobilière*, la difficulté n'a plus la même
importance, parce que la loi a pris soin de donner
elle-même au juge une base d'appréciation (loi du
11 avril 1838, art. 1er.) En effet la loi de 1838 ne s'attache pas à la valeur de l'immeuble pour décider si
le jugement rendu est ou n'est pas susceptible d'appel. Afin d'éviter les expertises dont les frais auraient pu absorber la plus grande partie de l'immeuble, elle ne considère que son revenu, qui lui-

même ne peut être déterminé que par rente ou par prix de bail.

Pour déterminer si l'intérêt est ou n'est pas supérieur à 150 francs, et si la preuve testimoniale est ou non admissible, on reconnaît généralement que le juge doit considérer une double époque, c'est-à-dire le moment où le droit est né et le moment où la justice en est saisie. On se reporte au passé dit M. Bonnier (*Traite des preuves*, n° 164), parce que le vœu de la loi est qu'on s'assure une preuve stable dès le principe. On s'attache au présent, parce qu'il ne faut pas perdre de vue non plus le danger de la corruption des témoins. Tel paraît être le système du Code.

Le législateur après avoir fixé dans l'art. 1341 la somme au-delà de laquelle la preuve par témoins ne serait plus admise, nous fournit dans les articles suivants des applications de cette règle. Ainsi (art. 1342) lorsque l'action contient outre la demande du capital, une demande d'intérêts qui réunis au capital excèdent la somme de 150 francs, la preuve testimoniale est inadmissible. En effet, si le contrat au moment de sa formation ne présentait pas une valeur de 150 francs, il était dans ses effets nécessaires et prévus de la dépasser, au moyen de l'accumulation éventuelle des intérêts stipulés.

Du reste, le créancier est en faute de ne pas avoir demandé son remboursement ou un acte écrit avant que sa créance n'eut excédé 150 francs.

Nous ferons remarquer qu'il s'agit ici d'intérêts

stipulés à l'époque de la convention et échus au moment de la demande. Nous pensons que cette règle serait inapplicable aux intérêts moratoires, dont le point de départ est tout différent et il serait souverainement injuste de rendre le créancier responsable du retard du débiteur. Il en serait de même des *dommages-intérêts* résultant de l'inexécution de l'obligation. Dans ces deux cas en effet, le préjudice qui est la conséquence de cette inexécution est un fait postérieur qui se rapproche beaucoup d'un délit et que raisonnablement les parties ne pouvaient prévoir au moment du contrat.

C'est ce qui résulte clairement de la modification que le conseil d'Etat fit subir à la première rédaction de notre art. 1342. Il était ainsi conçu : « La règle » ci-dessus s'applique au cas où l'action contient, » outre la demande du capital, une demande en » DOMMAGES-INTÉRÊTS, lorsque ces DOMMAGES-INTÉ- » RÊTS joints au capital excèdent la somme de » 150 francs. » Mais si les parties avaient stipulé une clause pénale au moment du contrat (art. 1152), pour simple retard, il faudrait appliquer la règle de notre art. 1342. Car la clause pénale résulte directement de la convention et est entrée comme chef accessoire dans la stipulation formelle des parties.

En matière de société (art. 1834), nous refusons d'assimiler les bénéfices aux intérêts, et par conséquent, nous ne les réunirons pas à la mise dans le calcul des 150 francs. Nous dirons avec la Cour de Turin, dans l'espèce jugée par elle le 24 mars 1807,

« qu'il faut uniquement regarder le montant de la somme et la valeur de la chose que les parties ont mise en commun, le bénéfice qui peut en résulter n'étant qu'un objet incertain, futur, accessoire et dépendant du contrat principal de la société. » En effet, dans le prêt à intérêt, la convention porte *ab initio* tout aussi bien sur les intérêts que sur le capital ; dans la société, au contraire, l'apport des associés a été seul l'objet du contrat. Aussi doit-on dire que l'*objet* de la société est *le montant réuni des apports*, indépendamment des bénéfices qui ont pu par suite en résulter et que c'est *le montant seul* qui doit être pris en considération dans la question d'admissibilité de la preuve testimoniale. Nous repoussons complètement l'opinion de ceux qui ne s'attachent qu'à l'intérêt individuel de l'associé demandeur, parce qu'elle est contraire au texte qui parle, non pas de l'objet de la demande, mais de l'objet de la société.

En résumé nous venons de voir que la preuve par témoins n'est pas admise lorsqu'au moment de la demande il s'agit d'un intérêt supérieur à 150 francs, bien qu'à l'origine il eut été inférieur à cette somme.

Avant de donner l'explication des art. 1343 et 1344, nous allons étudier les art. 1345 et 1346, qui rentrent dans le même ordre d'idées que l'art. 1342.

L'art. 1345, prévoit l'hypothèse où une partie a fait dans la même instance plusieurs demandes dont il n'y a point de titre par écrit. Aucune d'elles, con-

sidérée séparément ne dépasse la somme de 150 fr. ;
mais, jointes ensemble elles excèdent cette somme.
Bien que la partie allègue que ces créances proviennent de différentes causes et qu'elles se soient formées en différents temps, la preuve par témoins
n'en sera pas admise. A ne consulter que le raison-
nement la solution nous paraît rigoureuse. Car le
demandeur en traitant verbalement deux affaires
distinctes, à diverses époques, par exemple, un prêt
en janvier et une vente en février, qui prises isolément ne dépassaient pas le taux légal, n'a fait aucun
acte pour lequel la loi exigeât un écrit. Aussi sous
l'empire de l'Ordonnance de Moulins qui était
muette sur la question, Boiceau, (liv. 1 chap, XVIII,
nᵒˢ 11 et 12), n'hésitait-il pas à admettre en ce cas
la preuve par témoins. Mais en 1667, on introduisit
dans l'Ordonnance (tit. XX, art. 5), les dispositions
que nous retrouvons aujourd'hui dans notre article 1345. Le premier président Lamoignon s'op-
posa vivement à cette innovation, prétendant qu'elle
était contraire au droit et à l'usage. Le rédacteur
du projet, M. Pussort, fit observer que c'était un
moyen d'éviter la subornation des témoins.

« L'esprit de l'Ordonnance, dit Pothier, (*Oblig.*
» nᵒ 792), en défendant cette preuve, ayant été que
» les particuliers ne fussent point exposés aux ris-
» ques de la subornation des témoins pour des som-
» mes considérables et excédant 100 livres, qui leur
» seraient demandées par des fripons, elle doit être
» refusée, soit que cette somme soit prétendue pour

» une seule ou pour plusieurs causes, étant aussi
» facile de suborner des témoins qui déposent de
» plusieurs fausses créances que d'en suborner qui
» déposent d'une seule. Lorsqu'aux créances qui
» n'excèdent pas cette somme le créancier en ajoute
» une nouvelle qui fait monter le total de toutes
» les créances à plus de cent livres, il doit en faire
» dresser un acte. » On peut également ajouter
avec M. le président de Novion, que c'est encore un
moyen d'éviter la multiplicité des procès. Ce sont
aussi ces deux motifs qui ont décidé les rédacteurs
du Code à adopter la décision de l'Ordonnance de
1667.

Mais il n'y a plus lieu à prohiber la preuve testimoniale, nous dit l'art. 1345, *in fine*, lorsque les
créances proviennent de personnes différentes par
succession, donation ou autrement. On ne saurait
en effet, exiger dans ce cas, pour chaque créance
d'autre genre de preuve que celui que la loi présentait elle-même comme suffisant à chacune des parties contractantes. La jonction résulte ici de la force
des choses et non pas d'un contrat intervenu avec
le même débiteur. Nous retrouvons la même solution dans l'Ordonnance de 1667.

Les derniers mots de l'article *ou autrement* font
sans doute allusion au cas où le mandant et le
mandataire ont, à l'insu l'un de l'autre, fait avec
la même personne des actes qui donnent lieu à des
demandes, qui réunies excèdent 150 francs, mais
qui séparées ne dépassent pas cette somme. Aucun

d'eux en effet, dans l'espèce, n'a eu à se préoccuper de la nécessité d'une preuve littérale.

Lorsqu'il s'agira de faire l'application de notre article on devra laisser de côté les créances justifiées par écrit, ou même celles pour lesquelles il existerait un commencement de preuve par écrit (1348). L'Ordonnance de 1667 (tit. XX, art. 5) était formelle à cet égard et bien que l'art. 1345 ne reproduise pas exactement la même formule, on ne saurait douter qu'il n'ait été conçu dans le même esprit. Il faudrait procéder de la même façon à l'égard des créances pour lesquelles il aurait été impossible de dresser un écrit (1348). Peu importe du reste, selon nous, que les créances soient antérieures ou postérieures à celles dont le demandeur aurait pu se procurer une preuve écrite. Supposons par exemple que Pierre réclame à Paul 300 francs ; c'est-à-dire 150 francs en vertu d'un prêt et 150 francs en vertu d'un dépôt nécessaire. Peu importe que le dépôt ait précédé le prêt puisque séparément les deux créances peuvent être prouvées par témoins, le prêt par application de l'art. 1341, et le dépôt fut-il même supérieur à 150 francs par application de l'art. 1348. Bien que le dépôt fut antérieur au prêt, Pierre n'a pas exigé un écrit parce qu'il a pensé que la loi ne l'y obligeait pas. Décider autrement, ce serait contraire au principe qui défend de suppléer les déchéances.

(1346). — Rien n'eut été plus facile pour le demandeur que d'éluder la prohibition de l'art. 1345,

Car au lieu de former toutes ses demandes dans une seule et même instance, il eut pu intenter successivement des actions inférieures au taux légal. C'est pour obvier autant que possible à cet inconvénient que l'art. 1346 a reproduit littéralement l'art. 6 tit. XX de l'Ordonnance de 1667. « Toutes les demandes, » dit-il, « à quelque titre que ce soit, » qui ne seront pas entièrement justifiées par écrit, » seront formées par un même exploit, après lequel » les autres demandes dont il n'y aura point de » preuve par écrit ne seront pas reçues. » Le législateur n'a pas seulement voulu prévenir ainsi une fraude à la prohibition de la preuve testimoniale, mais restreindre autant que possible le nombre des petits procès. Aussi pensons-nous que cette disposition doit s'appliquer aux créances qui proviennent de personnes différentes et qui dès lors eussent été susceptibles de se prouver par témoins. — L'article comprend aussi le cas où toutes les demandes n'ayant pas été formées en même temps, les premières jointes aux dernières n'excèdent pas la somme ou valeur de 150 francs. Mais on ne saurait raisonnablement exiger la jonction, lorsque le créancier a ignoré soit la succession, soit la donation d'où provenait la créance nouvelle. — Doit-on adopter la même solution à l'égard des demandes qui sont munies d'un « commencement de preuve par écrit » ou dispensées de l'écrit en vertu de l'art. 1348. Nous répondrons oui avec la majorité des auteurs (*Jousse*, art. 6, tit. XX, Ordonnance) (Aubry

et Rau, § 762, note 37) (Bonnier, *Traité des preuves*, n° 162). L'art. 1346 est formel. Toutes demandes
dit-il, qui ne seront pas « entièrement justifiées par
écrit. » Ce qui ne peut s'entendre que de toutes
demandes dont-il n'existera pas de preuve littérale
complète. Si la rédaction des art. 1347 et 1348, qui
déclarent tout d'abord faire exception aux règles
ci-dessus, c'est-à-dire à l'art. 1346 lui-même, paraît
peu se concilier avec ce dernier, elle s'explique par
le projet de Code où ne figurait pas cet article. Les
rédacteurs n'ont pas fait attention à l'influence du
nouvel article sur ceux qui le suivent. Et du reste
si notre opinion est plus conforme au texte même
de l'article, elle atteint aussi plus efficacement le
but que s'est proposé le législateur; car c'est encore
un moyen d'éviter la multiplicité des procès et de
rendre plus rapide par l'unité d'enquête l'expédition des affaires. Mais nous n'irons pas jusqu'à
dire qu'il faut appliquer l'art. 1346 même au cas où
parmi les créances il s'en trouverait quelqu'une qui
ne serait pas exigible; car, dit-on, l'art. 1345 ne
distingue pas si les créances réunies sur la même
tête et qui dépassent 150 francs sont exigibles ou
inexigibles. Et, en effet, si le demandeur pouvait
alléguer pour expliquer la disjonction de ses demandes, que telle ou telle créance n'était pas encore échue lorsqu'il a introduit sa première action,
il serait fait constamment dans la pratique des
fraudes à la loi, (*Colmet de Santerre*, page 610). Nous
répondrons avec M. Bonnier que le législateur n'a

pas voulu pousser la rigueur logique jusque-là. Il parle de *demandes formées* et on ne forme point de demandes pour des créances non échues. L'action ne peut être ouverte que pour celles qui sont échues.

Il s'est tenu ainsi dans les limites du bon sens pratique et n'a pas cru devoir frapper de déchéance le demandeur qui aurait négligé dans son exploit d'indiquer des créances sur lesquelles en définitive, le juge n'avait pas à statuer. N'oublions pas qu'il s'agit ici d'une véritable déchéance, d'une non recevabilité des demandes telle, que les créances ne pourraient être prouvées ni par l'aveu, ni par le serment.

Bien que ce point soit contesté, le doute ne nous paraît pas possible en présence du texte même de l'article : *les autres demandes ne seront pas reçues.* La loi s'adresse au juge (comp. C. de proc. art. 48), et lui ordonne formellement de déclarer le demandeur non recevable, dans le cas où il viendrait à reconnaître qu'il existe d'autres créances exigibles qui ne sont pas justifiées par écrit (Bonnier n° 163). Si les rédacteurs du Code se sont montrés ici plus rigoureux que dans l'art. 1341, c'est qu'ils ont voulu à tout prix simplifier les procès.

Notre article veut que toutes les demandes soient formées par le même exploit. Il ne faut pas, croyons-nous, entendre ces expressions dans un sens absolu et rigoureux. Il suffira pour obéir au vœu de la loi que la partie forme ses demandes par des actes distincts, mais se rapportant à une seule et même instance. Lorsque l'art. 1346 parle d'un même exploit, c'est seulement à titre d'énonciation, et sans exclure les autres actes de procédure qui peuvent conduire au même résultat.

Quant aux créances provenant de causes postérieures à la première action du demandeur, on ne saurait l'en rendre responsable puisqu'il lui a été impossible de les comprendre dans sa première demande. Aussi ne saurait-on leur faire application des art. 1345 et 1346.

— Nous allons voir dans les art. 1343 et 1344 les précautions qu'à prises le législateur pour assurer d'une façon sérieuse l'exécution des règles concernant la prohibition de la preuve testimoniale. Ils sont ainsi conçus :

Art. 1343. — « Celui qui a formé une demande
» excédant 150 francs, ne peut plus être admis à la
» preuve testimoniale, même en restreignant sa
» demande primitive. »

Art. 1344. — « La preuve testimoniale, sur la
» demande d'une somme, même moindre de 150 fr.,
» ne peut être admise lorsque cette somme est dé-
» clarée être le restant ou faire partie d'une créance
» plus forte qui n'est point prouvée par écrit. »

La partie dont la demande pourrait être rejetée parce qu'elle dépasse le taux légal, manquerait rarement, comme pis aller, de réduire ses conclusions primitives en vue de faire admettre la preuve testimoniale. L'art. 1343 a pour but de déjouer cette manœuvre. On n'aurait plus, il est vrai, à redouter en ce cas la surbornation des témoins, puisque la demande se trouve ramenée à un chiffre pour lequel on admet la preuve testimoniale.

Mais il ne faut pas oublier non plus que le législateur a voulu également éviter la multiplicité des procès et les involutions de procédure. Du reste le demandeur a méconnu les prescriptions de la loi et doit subir les conséquences de sa désobéissance. Sous les anciennes Ordonnances les auteurs distinguaient entre les époques où le demandeur réduisait sa demande primitive. Si la réduction avait lieu *in limine litis* et avant *contestation en cause*, on ne pouvait alors opposer à la partie les conclusions prises par elle primitivement pour l'exclure de la preuve testimoniale. Dans le cas contraire, c'est-à-dire après contestation en cause, la preuve par témoins n'était plus recevable. Cette distinction basée sur l'art. 13 du titre 14 de l'Ordonnance de 1667 est inadmissible aujourd'hui, puisque le Code de procédure ne reconnait plus de contestation en cause.

Cependant il ne faudrait pas, comme l'ont fait certains auteurs, donner à l'art. 1343 une portée qu'il n'a pas et prétendre qu'il serait impossible au demandeur d'établir que ses conclusions n'ont été exagérées que par suite d'une *erreur de fait.* Sans doute, comme le dit Toullier, nulle preuve n'est admise contre la présomption de la loi, lorsque sur le fondement de cette présomption elle annule certains actes ou dénie l'action en justice. Mais c'est à tort qu'il fait à notre hypothèse l'application de l'art. 1352; car l'art. 1343 n'a pas du tout pour but d'annuler l'acte, ni de dénier l'action en justice : Il se borne tout simplement a rejeter comme inadmissible un certain genre de preuve. Même en admettant qu'il s'agisse ici d'une présomption légale, ne résulte-t-elle pas de l'aveu du demandeur. Or nous savons que l'aveu peut être révoqué si l'on prouve qu'il a été la suite d'une erreur de fait (article 1356 *in fine*).

Ainsi donc on pourra toujours reconquérir l'admissibilité de la preuve testimoniale en prouvant que c'est par erreur que l'on a exagéré le montant de la créance. De même c'est avec raison que MM. Aubry et Rau refusent d'appliquer l'article à une demande qui serait non pas la réduction de la demande primitive, mais l'exercice d'un droit distinct du premier. Ainsi après avoir réclamé le prix d'un bail supérieur à 150 francs, rien ne m'empêcherait de demander la restitution des fruits perçus pendant la jouissance du soi-disant fermier (*rej.*, 10 février 1840).

Dans l'hypothèse de l'art. 1343, le demandeur avait réduit après coup le montant de sa demande, dans l'espoir de sauver par ce léger sacrifice le restant de sa créance. Nous voyons au contraire dans l'art. 1344 qu'il commence tout d'abord par la réduire au-dessous de 150 francs. Cette disposition était donc le complément nécessaire de la précédente. Mais notre article ne s'applique pas seulement au cas ou la partie a réduit exprès sa demande; il est également applicable, lorsque en demandant moins de 150 francs, elle demande tout ce qui lui est dû. Il faut supposer qu'à l'origine la créance était supérieure à 150 francs, mais que plus tard le débiteur, ayant payé des à-comptes, elle se trouve ainsi réduite au taux légal. Dans les deux hypothèses que nous venons d'examiner, le juge devra repousser la preuve par témoins dès qu'il résultera soit de la déclaration de la partie, soit de la déposition des témoins, que la somme demandée bien qu'inférieure à 150 francs, faisait partie ou était le restant d'une créance plus forte non prouvée par écrit.

Certains auteurs s'appuyant sur les mots, *lorsque cette somme est déclarée*, ont prétendu que l'art. 1344 ne s'appliquait qu'au cas où le demandeur déclarait lui-même que la somme par lui réclamée est le restant, ou fait partie d'une somme plus forte, dont il n'a jamais eu de preuve par écrit.

Mais si le demandeur s'est bien gardé de faire cette déclaration et si la vérité ne résulte que de l'enquête ordonnée par le juge, la preuve par témoins devrait être admise. Nous ne saurions admettre cette interprétation de M. Malleville (Comm. sur l'art. 1344), parce qu'elle est contraire à l'esprit et au but de la loi. Ce serait favoriser les fraudes des parties, et donner une prime à leur déloyauté. Le juge qui a ordonné l'enquête n'est nullement lié par l'interlocutoire, qui est le résultat de la mauvaise foi des plaideurs, et il devra rejeter la demande sans avoir égard à sa première décision.

Il se présente encore une hypothèse où l'on devra faire application de l'art. 1344, bien que le demandeur n'ait jamais été créancier d'une somme supérieure à cent cinquante francs. Et cependant il sera non recevable à prouver sa créance par témoins. Il s'agit du cas où un héritier réclame, dans une somme due à son auteur, et excédant cent cinquante francs, sa quote part inférieure à cette somme. C'est cette hypothèse déjà prévue par Pothier (Oblig. nº 790) qui a donné lieu à une modification définitive de l'art. 1344. Afin de la comprendre dans le texte on a ajouté sur la demande du Tribunat aux mots *être le restant* les mots *ou faire partie*. L'héritier ne doit pas être admis à la preuve testimoniale, parce que son auteur est en faute de n'avoir point exigé un écrit. Les héritiers, en effet, ne sauraient avoir plus de droits que le défunt lui-même.

Mais lorsque dès l'origine la créance aura été réduite à un taux inférieur à celui de la loi, la partie devra être admise à la preuve testimoniale. Supposons par exemple la vente d'un cheval moyennant 200 francs, dont 100 payés comptant. A l'échéance, le vendeur pourra réclamer les 100 autres francs en faisant entendre des témoins. Car en définitive il ne s'est jamais trouvé créancier que de

100 francs et il n'était pas par suite obligé de dresser un écrit.

Il en serait de même si Paul avait fait à Pierre un prêt de 300 francs. A l'échéance, Pierre lui donne 200 francs et promet devant témoins de payer le reliquat à une époque déterminée. Si à ce moment le débiteur Pierre ne remplit pas son obligation, les juges ne sauraient refuser à Paul le bénéfice de la preuve testimoniale. Car, comme le dit très-bien Toullier, c'est une nouvelle obligation, postérieure à la première, qu'il s'agit de prouver par témoins.

Cette opinion est généralement adoptée par les auteurs, comme étant parfaitement fondée en équité et en droit. C'était également celle de Pothier (Oblig. n° 756) : « Si le demandeur, dit-il,
» offrait la preuve testimoniale, non d'une vente
» pour le prix de 200 livres, non d'un prêt de
» 200 livres, mais de la promesse que lui aurait
» faite le défendeur de lui payer 60 livres qui restaient dues du prix de vente, ou du prêt, je pense
» qu'il devrait être reçu à la preuve ; car cette promesse est une nouvelle convention confirmative
» de la première, et l'objet de cette convention
» n'excédant pas 100 livres, rien n'empêche que la
» preuve testimoniale ne puisse être admise. »

SECTION II

EXCLUSION DE LA PREUVE TESTIMONIALE CONTRE ET OUTRE LE
CONTENU AUX ACTES

Nous avons dit dans notre préambule que la maxime *lettres passent témoins*, repoussée autrefois par l'ancienne jurisprudence française, y avait été introduite par les Ordonnances de 1566 et de 1667. Ce principe a également été consacré par notre législation moderne. La loi suppose que les parties contractantes, en rédigeant un acte instrumentaire dans le but de conserver la mémoire et de constituer la preuve de leurs dispositions et conventions, les y ont établies d'une manière entièrement conforme à la vérité. Et alors elle défend l'emploi de la preuve testimoniale contre et outre la teneur d'un acte. Pour donner une efficacité plus complète à cette prohibition, elle défend encore aux parties de prouver par témoins que soit avant la rédaction de l'acte, soit lors ou depuis, elles sont convenues verbalement d'apporter à leur convention, telle qu'elle est rédigée, certains changements et modifications. Saine interprète de la volonté des parties, elle suppose que par cela seul, qu'on n'a pas reproduit dans l'acte les pourparlers qui ont précédé ou accompagné la rédaction, c'est qu'on a voulu les exclure ou que du moins on ne s'y est pas sérieusement arrêté. En effet, en dressant un acte qui constate leur conventions, les parties ont dû relater non-seulement l'objet principal, mais les clauses accessoires qu'elles ont arrêtées avant ou pendant la rédaction. Quant à celles qui sont postérieures à cette rédaction les parties étaient libres de les consigner dans un acte nouveau. Si elles ne l'ont pas fait, elles sont en faute et la loi, soucieuse de prévenir les contestations et les litiges, les punit en leur refusant le bénéfice de la preuve testimoniale, « encore qu'il s'agisse d'une somme ou valeur » moindre de 150 francs. » Le Code a pensé que la foi due à un acte est indépendante de la valeur de la chose qui fait le sujet de la convention.

L'art. 54 de l'Ordonnance de Moulins n'avait pas édicté cette dernière prohibition. « *Ordonnons,* » disait-il, que dorénavant, de toutes choses excédant » la somme ou valeur de 100 livres, pour une fois » payer, seront passés contrats par devant notaires » ou témoins, par lesquels contrats seulement sera » faite et reçue toute preuve es dites matières, sans » recevoir aucune preuve par témoins, ni sur ce » qui serait allégué avoir été dit ou convenu avant » icelui, lors ou depuis. »

Mais l'Ordonnance de 1667, (tit. XX art. 2), s'est montrée plus rigoureuse : « Et ne sera reçue aucune preuve par témoins contre et outre le contenu aux actes, ni sur ce qui serait allégué avoir été dit avant, lors ou depuis les actes, *encore qu'il s'agit d'une somme ou valeur moindre de 100 livres.* »

Cette décision a passé toute entière dans le Code civil.

C'est Pothier lui-même qui va nous fournir les deux exemples d'application de notre règle :

1º « J'ai fait, dit-il, un billet par lequel j'ai reconnu devoir à quelqu'un 66 livres qu'il m'a prêtées, que je promets lui rendre dans deux ans ; je ne serai pas reçu à prouver par témoins que je n'en ai reçu que 60, et que le surplus était pour des intérêts, qu'il m'a fait comprendre dans mon billet, car cette preuve serait *contraire* à ce qui est contenu dans un écrit. »

2º « Ce serait vouloir prouver quelque chose *outre* le contenu d'un acte que de demander à prouver que le preneur d'une ferme s'engage à payer, en sus de son fermage en argent, certaines redevances en nature, par exemple, six chapons. »

En effet, dans le premier cas le débiteur est coupable d'avoir signé une déclaration mensongère, et dans le second le créancier a eu tort de ne pas se faire délivrer une contre-lettre.

Ainsi donc la loi défend de prouver par témoins toutes les modifications qui seraient de nature à étendre ou à restreindre l'obligation, telle qu'elle est constatée par l'écrit, que ces modifications aient été proposées soit avant, soit pendant, soit même longtemps après la rédaction de l'acte.

Mais il ne faut pas s'exagérer la portée de notre

art. 1341, et croire qu'il ne soit pas permis d'avoir recours aux témoins à l'effet d'interpréter ou de compléter des clauses obscures ou ambiguës, de constater par exemple, que tel domaine mentionné dans un acte de vente ou de donation sans indications détaillées, comprend tel ou tel terrain, (Cass. 23 juillet 1837, Sir. 37, 1, 110). Ce refus du bénéfice de la preuve testimoniale contre et outre le contenu aux actes ne concerne que les parties et leurs héritiers ou ayants-cause, mais ne saurait nullement s'adresser aux tiers, auxquels on ne peut opposer une rédaction qui n'est point leur fait. Ainsi celui contre lequel on a cédé un droit litigieux pourra très-bien prouver par témoins que le prix de la cession constaté par l'acte est supérieur au prix réel. Ne pas admettre le cédé à fournir cette preuve, ce serait injustement le priver du bénéfice que lui accorde l'art. 1699. Il en serait de même en cas de retrait successoral, et dans bien d'autres hypothèses encore où les tiers attaqueraient l'acte comme renfermant une simulation ou un mensonge à leur égard. (Cass. 5 janvier 1831 et 10 juin 1816).

Ici se présente la question de savoir si la régie de l'enregistrement doit être considérée comme un tiers quant aux déclarations contenues dans les actes des parties. Il faut d'abord établir une distinction entre les *droits d'actes* et les *droits de mutation*. Il ne saurait s'agir des droits d'acte dont la perception est invariable puisqu'elle porte sur l'acte considéré comme *instrumentum* et nullement sur la convention, Tandis qu'au contraire les droits de mutation se perçoivent proportionnellement à la valeur de la mutation.

La jurisprudence de la Cour de cassation a longtemps varié à cet égard à cause de la législation spéciale qui régit la matière.

Encore la question ne s'élève-t-elle qu'au cas de mutation mobilière. Car la loi du 22 frimaire an VII, a établi un mode particulier d'expertise pour constater la valeur des immeubles, objets de la mutation. La Cour de cassation après avoir autorisé la régie à attaquer la déclaration des parties par tous les moyens de preuve du droit commun, a fini par rejeter ce système comme arbitraire et contraire à la procédure de l'Enregistrement (Cass. 25 fév. 1860; 17 mars 1862).

La loi du 23 août 1871, (art. 13), pour éviter la multiplicité des fraudes qu'avait engendrées la dernière opinion de la Cour suprème, a pris un moyenterme et a permis à l'administration d'avoir recours à tous les genres de preuve du droit commun sauf au serment décisoire. Mais elle ne peut user de la preuve testimoniale que pendant dix ans à partir de l'enregistrement de l'acte.

La prohibition de notre art. 1341, n'atteindrait même pas les parties elles-même si au moment de la rédaction de l'acte, l'une d'elles avait été sous l'impression du dol ou de la violence. On doit faire ainsi, selon l'opinion généralement admise, application à la preuve testimoniale de la théorie consacrée par l'art. 1353, en faveur des présomptions. Du reste, on peut dire que dans notre hypothèse il a été impossible à la partie lésée de se procurer une preuve écrite du fait allégué et que par conséquent on se trouve dans le cas prévu par l'art. 1348.

Mais à part le cas de violence ou de dol, les parties sont-elles recevables à attaquer pour cause de simulation un acte qu'elles ont volontairement souscrit? Est-ce là contrevenir au principe qui défend de prouver contre ou outre le contenu aux actes?

Si la simulation a été faite *in fraudem legis*, la jurisprudence autorise les parties à faire preuve par tous les moyens possibles; c'est ce qu'a décidé la Cour de cassation par un arrêt du 7 mai 1836 dans l'hypothèse d'un billet ayant pour cause apparente un prêt et pour cause réelle un dédit de mariage. On ne pouvait exiger que la fausseté de la cause fut établie par une contre lettre; une pareille interprétation de l'art. 1341 dit M. Bonnier, ne pourrait que favoriser toutes les fraudes à la loi, puisque l'on en rendrait la preuve impossible.

Mais en cas de simulation simple lorsqu'il n'y a eu ni dol ni violence, c'est-à-dire lorsque les parties n'ont eu en vue ni de nuire à des tiers ni de frauder la loi, on doit dire avec Pothier que la partie qui argue de la simulation est en faute de ne s'être point fait délivrer une contre-lettre. Aussi un arrêt de cassation du 6 août 1828 a-t-il décidé que le vendeur ne saurait échapper à son obligation de garantie en alléguant qu'il ne s'agissait pas d'une vente réelle, mais d'une liquidation de société.

Examinons maintenant si l'on peut se servir de la preuve testimoniale pour établir le paiement d'une créance, qui en fait a été constatée par écrit, même lorsque cette rédaction par écrit n'était pas exigée. Nous avons vu que Justinien (L. 18, C. *de testibus*) s'était contenté sur ce point de règlementer la preuve testimoniale, mais sans la supprimer. Au XVII° siècle la jurisprudence et les commentateurs de l'Ordonnance de Moulins avaient admis la preuve par témoins de la libération, lorsque la créance était inférieure au taux légal. Ce n'est qu'au XVIII° siècle que la jurisprudence s'est rangée à l'opinion adverse. Aussi Pothier considère-t-il cette nouvelle jurisprudence comme *une mauvaise interprétation* de l'Ordonnance. Car, dit-il, le débiteur en demandant à prouver ce paiement, ne demande pas à prouver une chose contraire à l'acte qui renferme son obligation. Il n'attaque point cet acte. Il convient de tout ce qui y est contenu. C'est pourquoi nous pensons avec la plupart des auteurs que quant aux conventions qui ont pour but de supprimer la première, il n'est pas nécessaire d'en retirer une preuve écrite; elles pourront si leur objet n'excède pas 150 francs, se prouver par témoins. Du reste, selon l'expression de M. Valette le paiement n'est-il pas le développement naturel de l'acte primitif, développement auquel on avait *ab initio* tout droit de s'attendre : lorsqu'une obligation est contractée, elle doit être payée et se paie, sans qu'il soit besoin de *rien dire* depuis la passation de l'acte.

D'ailleurs nous sommes ici dans une matière toute pratique, et s'il est d'usage que les parties constatent par écrit les modifications apportées à une convention consignée elle-même par écrit, il n'en est pas ainsi du paiement; car pour des sommes aussi faibles, il est rare que le débiteur réclame une quittance, bien que le créancier n'ait pas son titre sur lui pour le remettre au débiteur libéré. S'il est vrai de dire que l'obligation est présumée exister, tant que le créancier a le titre en sa possession, cette présomption devra s'évanouir devant la preuve contraire, preuve qui s'administrera par témoins ou par écrit selon l'importance du litige. Cette décision est parfaitement conforme à l'esprit de la loi. (Car les partisans du système opposé doivent aller jusqu'à défendre de compenser avec une dette constatée par écrit une dette prouvée par témoins.

Comme nous soutenons que la défense de prouver contre et outre le contenu aux actes ne saurait s'appliquer en matière de commerce, c'est au chapitre des exceptions que nous examinerons cette question d'une importance pratique si considérable.

Quant aux matières criminelles l'application de notre principe n'a jamais été sérieusement contesté. Nous ferons seulement remarquer que l'art. 1341 ne concerne que les écrits émanés des parties et nullement les actes rédigés par des officiers publics.

SECTION III

EXCEPTIONS COMMUNES A CES DEUX RÈGLES

Nous allons voir que le double principe, consacré par l'art. 1341, souffre trois exceptions :

1º Quand il existe un commencement de preuve par écrit (1347).

2º Quand il a été impossible à la partie de se procurer ou de conserver un écrit (1348 et 1341 *in fine*).

3º En cas de consentement de l'adversaire.

PREMIÈRE EXCEPTION

COMMENCEMENT DE PRREUVE PAR ÉCRIT

En dehors de certains actes tels que le contrat de mariage pour la validité desquels l'écriture est requise, la loi n'exige un écrit que comme moyen de preuve. Elle se défie de la preuve testimoniale à cause des dangers qu'elle présente, mais elle n'entend nullement priver les parties de la ressource de l'aveu et du serment. Il peut se faire que l'aveu soit incomplet et cependant, comme il est constaté par écrit, il donne de la vraisemblance aux alléga-

tions de la partie qui l'invoque. Dans ce cas les inconvénients de la preuve par témoins ne sont plus autant à redouter ; aussi le législateur n'a-t-il pas hésité à en autoriser l'administration. Du reste, comme le dit fort bien M. Larombière, le concours de la preuve testimoniale et de la preuve écrite qui se complètent en même temps qu'elles se contrôlent, n'offre-t-il pas souvent au juge plus de garanties de vérité et de justice qu'un seul titre écrit qui par lui-même ferait preuve entière. Tels sont les motifs qui ont décidé la rédaction de l'art. 1347. *Les règles ci-dessus*, nous dit-il, « reçoivent exception, lorsqu'il existe un commencement de preuve par écrit. » Bien que cette exception n'eût pas été expressément admise par l'Ordonnance de Moulins, elle avait passé comme principe incontestable dans la jurisprudence et dans la doctrine. L'Ordonnance était considérée comme exorbitante, et on recherchait les moyens de l'éluder. Ainsi, Vrévin sur l'art. 54 de l'Ordonnance de Moulins nous rapporte un arrêt qui, sur le vu de la reconnaissance d'une veuve, admit la preuve par témoins contre les héritiers du mari. Nous lisons également dans Mornac (*ad legem certi*, § *quoniam*, Dig. *de reb. cred.*). « Pro-
» hibita non est edicto regio probatio per testes in
» summa quæ centum libras superat, SI VEL TAN-
» TILLUM SCRIPTO, cui fides adhibeatur, de re con-
» troverso constiterit, quum summum illud jus
» invectum sit in mores gallicos ob testium facili-
» tatem. »

L'Ordonnance de 1667 (tit. XX, art. 3) sans confirmer une pareille interprétation, mais non plus
sans la condamner consacra formellement notre
exception. Elle parle bien du commencement de
preuve par écrit ; mais elle n'en donne pas la définition.

Les rédacteurs du Code ont essayé de combler
cette lacune. L'art. 1347 veut que le commencement
de preuve par écrit émane de la personne à qui on
l'oppose et présente ainsi le caractère d'un aveu.

Tel était également l'avis de Pothier (*Oblig.*
n° 808) et de Danty (*addit.* sur Boiceau, part. 11,
chap. 1er) ; mais leur opinion n'avait pas prévalu
auprès des tribunaux. C'est pourquoi ainsi que le
fait observer M. Bonnier (*Preuves* n° 165) la Cour
de cassation juge constamment qu'on peut encore
aujourd'hui pour les espèces nées avant la promulgation du Code, considérer comme un commencement de preuve une pièce émanée d'un tiers étranger au litige.

Ainsi donc l'écrit pour servir de commencement
de preuve doit émaner de celui contre lequel la
demande est formée, ou de celui qu'il représente,
ou bien enfin de celui par lequel il a été représenté ;
ainsi les écrits des mandataires peuvent être opposés au mandant, c'est ce qu'a jugé la Cour de cassation pour le mandat légal du tuteur (*Rej.* 23 novembre 1869). Il en serait de même de ceux du
vendeur à l'égard de son acquéreur ; du donateur
à l'égard du donataire du défunt à l'égard de

l'héritier, etc. Il est vrai que l'art. 1347 ne parle
que de l'écrit émané de celui contre lequel la
demande est formée ou de celui qu'il représente;
mais on est d'accord pour reconnaître que notre
exception s'applique tout aussi bien au représen-
tant qu'au représenté et que par conséquent l'écrit
émané du mandataire doit être opposable au mandant comme le serait l'écrit du mandant à l'égard
du mandataire. Nous dirons donc que l'écrit émané
d'un tiers ne constitue qu'une déclaration de témoin
et ne saurait valoir comme commencement de
preuve écrite, quand bien même ce tiers eût un
intérêt quelconque à participer à la consommation
de l'acte dont l'écrit invoqué rend l'existence vraisemblable.

Voilà pourquoi nous déciderons que les écrits du
negotiorum gestor ne seraient pas opposables au
maître qui n'a ratifié les actes de gestion ni expressément ni tacitement. De même on ne pou rrait opposer au copropriétaire par indivis d'un immeuble
l'écrit d'un de ses copropriétaires, du moment où
il n'existe ni mandat donné, ni ratification (Cass.
30 décembre 1839). Cependant certains auteurs, et
Toullier entre autres ont prétendu, malgré le texte
formel de l'art. 1347, qu'il n'y avait pas à s'occuper de
qui émanait l'acte, pourvu qu'il rendit vraisemblable
le fait allégué, que c'était une question d'appréciation laissée à la sagesse des juges. Ils invoquent
l'autorité de l'ancienne jurisprudence ainsi que les
art. 1335 et 1336 qui disposent que dans certains

cas les copies et transcriptions d'actes publics peuvent servir de commencement de preuve par écrit. Ils se fondent également sur l'art. 324 en matière de réclamation d'état d'enfants légitimes. Nous ferons remarquer que les dispositions des articles précités ne sont que des exceptions qui viennent confirmer la règle. La précision même de l'art. 1347 qui a eu principalement pour but de mettre fin aux controverses de l'ancien droit ne permet pas d'hésiter un instant sur la solution de la question. C'est donc à tort que Toullier (tome 9, n° 61, 5ᵉ édit.) qualifie de commencement de preuve par écrit des actes sous-seing privé dont l'écriture n'est ni vérifiée ni reconnue. Car de pareils actes ne présentent nullement le caractère d'un aveu ; ce qu'exige formellement la loi. Toullier a confondu l'enquête occasionnée par la vérification d'écriture avec celle qui après cette vérification opérée peut intervenir sur l'existence de la convention. L'art. 1341 ne saurait s'appliquer à la première, puisque les témoins ne viennent attester qu'une chose, *l'origine* de *l'écrit*. Dans la seconde au contraire, les témoins déposent sur *le fait même* rendu vraisemblable par l'écrit.

La première de ces deux enquêtes sera seule admissible *de plano* car il s'agit de prouver un fait dont il a été impossible de se procurer une preuve écrite (1348). Il faudra donc que l'origine de l'écrit soit incontestée pour qu'il puisse servir de commencement de preuve écrite. Ainsi les notes trouvées dans les papiers du débiteur mais non écrites ni signées par lui (Cass. 9 nov. 1842) ne sauraient avoir aucune espèce de valeur pour le créancier. Il en serait de même à l'égard du débiteur de notes semblables trouvées dans les papiers du créancier.

Il suffira que l'écrit soit revêtu de la signature de la personne à qui on l'oppose, bien que le corps d'écriture soit de la main d'un tiers, ou bien encore peu importe que l'écrit ne soit pas signé, si le corps d'écriture est de la main de celui contre qui on l'invoque.

Le commencement de preuve par écrit peut encore résulter des registres et papiers domestiques, des livres de commerce, de lettres missives de nature à être représentées en justice; d'écritures mises au dos, à la suite ou en marge d'un titre (Cass. 7 décembre 1836); de notes écrites sur feuilles volantes, etc. Les actes authentiques eux-mêmes peuvent également fournir un commencement de preuve par écrit, lorsqu'ils n'ont pas été revêtus de la signature de la partie à qui on l'oppose. Mais il faut supposer que l'acte n'est pas nul soit pour vice de forme, soit pour incompétence ou incapacité de l'officier public qui l'a rédigé, et que la signature de la partie n'était pas requise comme condition essentielle de sa validité. Cependant l'acte authentique entaché des nullités que nous venons d'énumérer, pourrait encore servir de commencement de preuve par écrit, s'il était signé par la personne à qui on l'oppose.

La Cour de cassation a admis encore à ce titre les déclarations faites dans un interrogatoire sur faits et articles, bien que non signées de la partie (rej. 14 janv. 1868), les conclusions signifiées en son nom (rej. 1er août 1867). Il en serait de même d'un procès-verbal de conciliation ; des interrogatoires subis en matière criminelle ou correctionnelle devant le juge d'instruction (Aubry et Rau, texte et note 19 ; Cass., 21 fév. 1843) par opposition aux aveux faits à l'audience qui ne sont constatés que par les notes sommaires du greffier et qui par conséquent n'ont aucun caractère authentique. Un arrêt de cassation du 17 juillet 1841 nous donne les motifs de cette différence : « Attendu, dit-il, » qu'on ne peut attribuer ce caractère à un écrit » qui n'est pas émané du prévenu dont il n'a pu » contrôler la teneur, qu'il n'a ni vu ni signé, et » qui est l'ouvrage d'un officier à qui la loi n'a pas » donné de mission spéciale à cet effet. » Nous pensons avec M. Bonnier qu'il faut aussi appliquer cette décision aux notes d'audience rédigées par le greffier du tribunal correctionnel et visées par le président, aux termes de la loi du 13 juin 1856 (C. d'Ins. nouv. art. art. 200), bien que, dans ce cas, la loi ait donné au greffier une mission spéciale ; car, pas plus aujourd'hui qu'autrefois, le prévenu n'est appelé à contrôler la teneur de ces notes.

La Cour de cassation (rej. 7 juillet 1840 et 27 nov. 1842) a décidé que les déclarations faites à l'au-

dience et consignées dans les qualités du jugement seraient considérées comme émanant de la
partie. En effet, dit-on, les avoués représentent
leurs clients et, par suite, ces déclarations peuvent servir de commencement de preuve écrite.
On a critiqué cette jurisprudence, inattaquable
en droit, parce que la rédaction des qualités n'est
pas toujours d'une exactitude parfaite. Et alors
on s'est demandé s'il serait permis d'invoquer
comme commencement de preuve par écrit devant
les tribunaux civils les réponses faites précédemment au cours d'une instruction criminelle. Un
arrêt de la Cour de Paris, du 13 août 1836, avait
décidé que les juges civils ne sauraient puiser leur
conviction dans les documents d'une procédure
criminelle. Mais cet arrêt fut cassé le 2 juin 1840,
comme arbitraire et contraire aux termes généraux
de la loi : « Tout acte par écrit qui rend vraisem-
» blable le fait allégué. » Et, en effet, l'acte émane
bien ici de celui à qui on l'oppose, puisque les réponses faites devant le juge d'instruction sont lues
à l'accusé avant qu'il ne les signe, pour qu'il puisse
ainsi rectifier les erreurs de rédaction.

Outre le caractère de personnalité que doit présenter l'écrit invoqué, la loi exige encore *qu'il
rende vraisemblable le fait allégué*. La question
de savoir si l'écrit invoqué rend ou non vraisemblable le fait allégué est toujours abandonnée à
l'appréciation des magistrats et quelle que soit
leur décision à cet égard, elle ne saurait être sou-

mise à la censure de la Cour de cassation. La vraisemblance est une pure question de fait. Un fait vraisemblable est celui qui a l'apparence de la vérité. Il eût assurément été impossible au législateur de régler le nombre et la qualité des présomptions qui rendent un fait vraisemblable. Mais lorsqu'il s'agit de savoir quel doit être le caractère légal de l'écrit invoqué, le juge doit se conformer aux prescriptions de la loi qui a déterminé les conditions sans le concours desquelles l'écrit ne peut avoir aucune valeur .

Comme nous ne pourrions énumérer tous les écrits qui peuvent légitimement paraître au juge rendre vraisemblable le fait allégué, nous nous bornerons à citer les exemples les plus remarquables.

1° Pothier (*oblig.* 768) nous parle du cas où un père écrit une lettre à un de ses amis pour le prier de remettre une somme à son fils. Cette lettre produite par l'ami ne prouve certainement pas le prêt, mais le rend du moins vraisemblable.

2° Nous trouvons dans Boiceau l'espèce suivante (II, 10). Vous m'assignez en délaissement d'un fonds dont je suis en possession ; j'excipe que vous me l'avez vendu et que je vous en ai payé le prix ; je n'en ai d'autre preuve qu'un écrit signé de vous, par lequel vous m'avez promis de me le vendre pour un certain prix ; cet acte ne prouve pas la vente et encore moins le paiement du prix, mais joint à la possession en laquelle je me trouve de l'héritage, il forme un commencement de preuve suffisante pour me faire admettre à la preuve testimoniale.

L'opinion de Boiceau nous semble fort raisonnable en ce qui concerne la vente, mais nous pensons avec M. Duranton qu'on ne devrait pas admettre les témoins à prouver le payement du prix. Et en effet dans une vente et surtout dans une vente d'immeubles le payement du prix est un fait postérieur qui a besoin d'être prouvé d'une façon toute spéciale, et qu'une simple promesse de vente ne saurait faire supposer.

3° On s'est demandé si le titre constitutif d'une rente ou d'une créance pouvait servir de commencement de preuve à l'effet d'établir que la prescription invoquée par le débiteur a été interrompue. La Cour de Caen (20 mai 1840) avait admis l'affirmative. Mais nous repoussons cette solution et nous dirons avec MM. Aubry et Rau qu'entre la constitution d'une rente ou d'une créance et l'interruption de la prescription de cette rente ou de cette créance il n'y a aucun lien, même éloigné, de connexité qui permette de conclure de l'existence de l'une à la vraisemblance de l'autre (Cass. 19 nov. 1845 ; Douai, 19 janv. 1842). Du reste ne serait-ce pas commettre la plus grande pétition de principe que d'autoriser le créancier à se prévaloir d'un titre dont la date elle-même établit que la prescription est acquise, pour établir que la prescription n'a pas eu lieu.

4° L'art. 1335 nous dit que les actes sous seing

privé qui contiennent des conventions synallagma-
tiques, ne sont valables qu'autant qu'ils ont été
faits en autant d'originaux qu'il y a de parties ayant
un intérêt distinct. Et il ajoute que chaque original
devra contenir la mention du nombre des originaux
qui en ont été faits. Si l'une de ces formalités n'a
pas été remplie, l'acte n'est pas valable aux termes
mêmes de la loi, mais nous pensons qu'on pourra
l'invoquer comme commencement de preuve écrite.

On a beau nous objecter que l'irrégularité de
l'acte prouve bien que les parties n'ont pas entendu
conclure une convention sérieuse ; qu'il s'agit tout
au plus d'un projet de convention ; que du reste en
permettant à la partie munie de l'original unique
de le corroborer par la preuve testimoniale, ce serait
rompre l'égalité qui doit exister entre les deux parties contractantes. Nous répondrons que du moment où l'acte est signé par la partie à laquelle on
l'oppose, il rentre dans les termes de l'art. 1347.
L'absence du double peut bien faire supposer que
la convention n'a pas été définitivement conclue ;
c'est pourquoi la loi ne veut pas qu'un tel écrit
puisse faire preuve complète. Mais on ne saurait
aller plus loin ; ce serait apporter une rectriction aux
pouvoirs d'appréciation des juges. Il sera rare en
effet que les parties s'amusent à signer un simple
projet.

Quant à la crainte de rompre l'égalité entre les
contractants, c'est une considération qui nous
entraînerait à des conséquences injustifiables. On

en arriverait à dire que dans notre hypothèse la partie munie de l'original unique ne pourrait pas déférer le serment à son adversaire où le faire interroger sur faits et articles, parce que la présence de l'écrit empêcherait moralement ce dernier de nier la convention. Ou bien encore on devrait soutenir que la partie privée du double ne pourrait invoquer à titre de commencement de preuve écrite, soit une lettre missive ou tout autre écrit ; ce qui est en contradiction directe avec le texte même de l'ar- 1347. (Larombière, Aubry et Rau, Colmet de Santerre, Bonnier, n° 689) (Grenoble, 2 août 1839 ; Nîmes, 18 nov. 1851.)

5° Un billet ou une promesse sous seing privé n'a pas été écrit en entier de la main de celui qui l'a souscrit, ou du moins outre sa signature, le débiteur a oublié d'écrire de sa main le bon ou approuvé exigé par l'art. 1326. La doctrine et la jurisprudence sont généralement d'accord aujourd'hui pour reconnaître que le billet non approuvé est par lui-même de nature à rendre vraisemblable le fait allégué. La loi craint il est vrai la fraude, mais l'irrégularité résultera le plus souvent de l'ignorance ou de la négligence des parties, et il serait vraiment rigoureux de déclarer le billet de nul effet. Du reste, le pouvoir discrétionnaire du juge ne suffira-t-il pas à contrebalancer le danger de la fraude. (Bonnier, n° 678 ; Aubry et Rau, (*rej.* 13 déc. 1853 et 10 janv. 1870).

DEUXIÈME EXCEPTION

IMPOSSIBILITÉ DE SE PROCURER OU DE CONSERVER
UN ÉCRIT

L'art. 1348, faisant application de la maxime, à l'*impossible nul n'est tenu*, nous donne la seconde exception à la double règle de l'art. 1341. Toutes les fois qu'il aura été impossible au créancier de se procurer ou de conserver un écrit, la loi lui permet de faire entendre des témoins.

L'Ordonnance de Moulins ne contenait aucune disposition spéciale à cet égard ; mais cette exception était si bien reconnue par la pratique, que le Parlement de Paris avait admis, par un arrêt du mois d'août 1573, les héritiers d'un protestant à prouver par témoins un dépôt nécessaire, fait par leur auteur au moment où il allait être massacré le jour de la Saint-Barthélemy. L'Ordonnance de 1667, titre XX, articles 3 et 4, fut plus explicite : « N'entendons, disait-elle, exclure la preuve par » témoins pour dépôt nécessaire, en cas d'in- » cendie, ruine, tumulte ou naufrage, ni en cas » d'accidents imprévus, OU ON NE POURRAIT » AVOIR FAIT DES ACTES..... N'entendons pareille- » ment exclure la preuve par témoins pour dépôts » faits, en logeant dans une hôtellerie, entre les

» mains de l'hôte ou de l'hôtesse, qui pourra être
» ordonnée par le juge, suivant la qualité des per-
» sonnes et les circonstances du fait. » Les mots *où
on ne pourrait avoir fait des actes*, qui sont le véritable fondement de l'exception, avaient amené la
jurisprudence, sous l'Ordonnance de 1667, à l'étendre
à tous les cas non spécialement prévus où l'on ne
pouvait avoir fait des actes.

L'art. 1348, dans son *principium* dégage la règle
et l'énonce d'une façon générale. Il subordonne l'admissibilité de la preuve testimoniale à l'impossibilité de se procurer une preuve écrite. Les règles
ci-dessus reçoivent exception, dit-il, « toutes les fois
qu'il n'a pas été possible au créancier de se procurer
une preuve littérale de l'obligation qui a été contractée envers lui. » Puis, dans les paragraphes suivants il nous cite des exemples. Mais il ne faut pas
croire que les cas d'application indiqués par l'article
soient limitatifs. La condition nécessaire mais suffisante posée par l'art. 1348, c'est l'impossibilité de
se procurer un écrit. Il s'ensuit que la preuve testimoniale peut être invoquée, lorsque, sans se trouver
dans aucun des cas énoncés dans notre article, on
a été néanmoins dans l'impossibilité de se procurer
une preuve littérale. Les exemples cités par la loi
n'ont pour but que de préciser le sens et la portée
de la règle contenue dans le *principium* de l'article.

Le Code ne nous dit point quel doit être le caractère de cette impossibilité. Mais si l'on se reporte
aux paragraphes 2 et 3 de l'art. 1348, on voit que les

juges sont investis d'un pouvoir souverain d'appréciation et qu'ils peuvent autoriser l'admission de
la preuve testimoniale, du moment où ils constatent
une impossibilité quelconque de dresser un écrit,
soit physique et absolue, soit morale et relative.
Telle est du moins l'opinion générale. (Aubry et
Rau, Larombière, Bonnier).

Telle était aussi l'interprétation que Pothier donnait à l'Ordonnance de 1667, (*Oblig.*, n° 809). « En
» ordonnant, dit-il, qu'il serait dressé des actes, elle
» n'a pas entendu exiger l'impossible, ni même des
» choses trop difficiles ; c'est pourquoi elle n'a in-
» terdit la preuve testimoniale qu'à ceux qui ont pu
» s'en procurer facilement une littérale. » Nous ne
saurions aller aussi loin que Pothier, et admettre
avec lui qu'une simple difficulté suffirait à autoriser
l'admission de la preuve testimoniale. Aujourd'hui
le Code est plus sévère et son interdiction s'adresse
à tous ceux qui ont pu, même avec une certaine
difficulté, obtenir une preuve écrite. C'est ce qui
nous explique pourquoi on a repoussé la théorie de
certains auteurs, qui voulant réaliser le vœu émis
par Cujas, avaient proposé de mettre le dépôt volontaire sur la même ligne que le dépôt nécessaire.

Nous allons maintenant passer en revue les différents cas d'application que nous fournit notre article 1348.

Le 1° de l'art. 1348 nous cite tout d'abord les
quasi-contrats. Nous avons déjà fait remarquer
dans l'explication que nous avons donnée sur le

sens de l'expression *toutes choses* (art. 1341) que du moment où il s'agit d'un fait pur et simple et non pas d'un acte conventionnel, l'art. 1341 est inapplicable. Aussi ne regardons-nous pas la faculté de prouver le quasi-contrat de gestion d'affaires par tous les moyens de preuve comme une exception à notre règle, mais comme l'application du droit commun. Et en effet entre le gérant et le maître de l'affaire a-t-il jamais existé aucun lien juridique contractuel comme celui que nous trouvons entre le mandant et le mandataire. Peu importe du reste que le maître dont la chose a été gérée ait ignoré ou non la gestion, il n'est intervenu entre lui et le gérant aucun contrat formel. C'est donc à notre avis de la part du législateur une inexactitude de rédaction lorsqu'il nous parle des quasi-contrats, comme d'une exception à l'art. 1341. Du reste les partisans de l'opinion adverse sont bien obligés d'admettre que le quasi-contrat qui naît de la réception de l'indu doit rentrer dans la règle de l'article 1341, puisque celui qui a voulu faire un paiement eût dû exiger une quittance. Ils sont donc tout au moins forcés de constater une erreur de rédaction en ce point et n'est-il pas beaucoup plus simple de faire un aveu complet.

Dans le même alinéa l'art. 1348 nous parle également ment des délits et quasi-délits. Comme nous l'avons fait pour le cas précédent, nous dirons encore que le législateur a eu tort de les signaler comme une exception à l'art. 1341, et que permettre de les établir par tous les moyens de preuves possibles c'est faire encore l'application du droit commun. Nous avons déjà eu l'occasion à propos de l'art. 1341 de dire que les actes illicites n'avaient pas besoin d'être exceptés, puisqu'ils n'ont jamais été compris dans la règle. Et c'est Boiceau lui-même (livre Ier, chap. X, n° 5) qui nous a fourni la justification de notre doctrine.

Ces mots de délits et de quasi-délits ont une acception fort étendue; ce sont tous les faits illicites qui causent à autrui un dommage dont leur auteur est responsable, qu'il ait agi ou non avec l'intention de nuire. Lorsque le fait délictueux est isolé et ne se lie pas à une convention antérieurement formée, nous venons de voir que la preuve testimoniale en sera toujours admise. Mais si le délit résulte d'une convention précédente pour laquelle la loi refuse la preuve par témoins, il ne saurait être prouvé à son tour que conformément aux règles de l'art. 1341 sans distinguer la juridiction criminelle de la juridiction civile, contrairement à une erreur généralement répandue. Car en principe les tribunaux de répression doivent, quant à la preuve observer les règles établies par le Code civil.

Ainsi dans le cas où Pierre accuserait Paul son mandataire de violation d'un mandat, non constaté par écrit, il lui serait interdit de prouver cette violation par des témoins; car ce serait un moyen détourné pour Pierre d'échapper aux prescriptions de la loi qui lui défend d'en faire entendre pour établir le mandat. Il en serait de même en cas de violation de dépôt ou de détournement d'objets remis dans un but déterminé ou d'abus de blanc-seing (408 et 407 C. pén.).

En faisant l'exposé de la seconde règle de l'article 1341, nous avons eu occasion de dire que lorsque les parties au moment de la rédaction de l'acte ont été sous l'impression du dol, de l'erreur ou de la violence, on pouvait leur permettre d'avoir recours au témoignage oral pour établir le vice de leur consentement. C'est une application de l'art. 1348 dont l'énumération, avons-nous déjà dit, n'est pas limitative. Cette théorie était également admise sous l'ancienne jurisprudence ; « Toutes les fois, dit Boiceau, (chap. VII, § 8), « qu'on articule contre
» un contrat ou acte écrit un fait qui détruit ce qui
» en fait l'essence et sans lequel il ne peut exister;
» par exemple, si on allègue la force, la crainte,
» l'erreur par lesquelles on a été conduit à signer
» un contrat pour un autre, et autres moyens par
». lesquels on peut extorquer d'une personne une
» signature d'un acte, ou si on articule quelqu'au-
» tre fausseté, tous ces cas ne doivent point être
» compris dans notre Ordonnance parce qu'ils se
» rapprochent de la nature du crime. »

Nous avons également fait remarquer dans le même chapitre que les tiers seraient admis à prouver par témoins la fraude ou la simulation d'un acte qui leur serait préjudiciable. N'ayant pris aucune part à la rédaction, il leur a été complètement impossible de retirer une preuve écrite de la fraude dont ils ont été victimes.

Si les parties elles-mêmes attaquaient pour cause de simulation l'acte qu'elles ont volontairement souscrit, nous avons décidé avec la jurisprudence que leur demande ne serait recevable que dans le cas où il s'agirait d'une fraude à la loi. (Cass. 7 mai 1836; Bonnier n° 142.

Le second alinéa de l'art. 1348, reproduisant l'Ordonnance de 1667, applique notre exception aux dépôts nécessaires faits en cas d'incendie, ruine, tumulte ou naufrage, et à ceux faits par les voyageurs en logeant dans un hôtellerie, le tout suivant la qualité des personnes et les circonstances du fait.

Il est évident qu'en cas d'incendie, ruine, tumulte ou naufrage, on ne songe guère à retirer une reconnaissance des dépôts que l'on fait entre les mains de ses voisins. Et dans tous les cas comme le dit Ulpien (l. 1 *de exercit. act.*), « locus vel tem-
» pus, non patitur plenius deliberandi consilium. »
Du reste le salut des personnes est d'un intérêt bien supérieur à la conservation des biens. Aussi un tel dépôt a-t-il été appelé nécessaire, parce qu'il a pour cause la nécessité et non la volonté : « continet cau-
» sam fortuitam depositionis ex necessitate descen-
» dentem, non ex voluntate proficiscentem. » (Ulpien, l. 1, §2, *Deposit.*) C'est donc avec raison que le législateur a cru devoir en de pareilles circonstances aire une dérogation au principe prohibitif de la

preuve testimoniale. Mais pour être admis à faire entendre des témoins sur l'existence du dépôt, le demandeur devra d'abord établir d'une façon certaine les évènements malheureux qui l'avaient mis dans la nécessité de l'effectuer. Dans tous les cas, le juge devra tenir compte de la qualité des personnes et des circonstances du fait. Ce droit des tribunaux, dit M. Larombière, est une garantie pour les prétendus dépositaires contre les allégations mensongères et les manœuvres frauduleuses de fripons et d'escrocs qui n'hésiteraient pas à tirer parti d'un accident fortuit pour exercer des réclamations injustes.

La loi a cru devoir assimiler aux dépôts nécessaires faits en cas d'incendie, de tumulte ou de naufrage ceux faits par les voyageurs dans les hôtelleries où ils logent. On a pensé que de la rapidité des transactions résultait une espèce d'impossibilité morale de dresser un écrit. Et certes que d'embarras ne créerait-on pas tout aussi bien aux voyageurs qu'au maître d'hôtel, si on les obligeait à faire inventaire des effets qu'ils apportent avec eux, surtout si l'on songe au grand nombre des voyageurs et à la courte durée de leur séjour !

L'Ordonnance de 1667 semblait exiger que le dépôt eut été fait entre les mains de *l'hôte ou de l'hôtesse*, mais on admettait la même solution au cas où il avait été effectué entre les mains des gens de service. L'art. 1348 ne laisse plus de doute à cet égard. Il suffira même que les objets aient été portés dans l'hôtellerie, pour que la responsabilité de l'aubergiste soit engagée. Cependant quant aux valeurs et autres choses précieuses, la Cour de Paris, le 2 avril 1811, a décidé que le logeur n'était pas responsable de la perte d'objets précieux qui n'avaient été ni déclarés ni montrés.

C'est surtout dans la matière que nous venons de traiter que les juges devront tenir grand compte de la qualité des personnes et des circonstances du fait. Car, dans ce cas plus que jamais, ils doivent redouter les manœuvres frauduleuses que nous avons déjà signalées précédemment. Il faut assimiler aux hôtelleries les restaurants, cafés et bains publics. Il serait vraiment peu pratique d'exiger que celui qui entre dans ces établissements retire un acte écrit du dépôt qu'il a été obligé d'y faire. (Bonnier, n° 173 ; Larombière, n° 34.)

On s'est demandé si l'on devait étendre au dépôt d'objets destinés à être transportés, l'exception relative au dépôt d'hôtellerie. Nous ne pensons pas qu'on puisse faire cette assimilation.

Il est bien vrai que l'art. 1782 assujettit les voituriers par terre et par eau, pour la garde et la conservation des choses qui leur sont confiées, aux mêmes obligations que les aubergistes ; mais il ne faut pas confondre l'étendue de l'obligation avec la preuve du contrat, question que n'a nullement tranchée l'art. 1782. L'art. 1783 au contraire, combiné avec l'art. 96 du Code de commerce, imposent aux entrepreneurs de transport l'obligation de tenir registre des effets qui leur sont confiés, tandis qu'aucune disposition semblable n'existe contre les aubergistes. Qu'on ne nous objecte pas que les autres commerçants (art. 8, C. de comm.) sont également tenus d'inscrire sur leurs registres toutes leurs opérations et que cependant ils sont toujours admis à la preuve testimoniale. Nous répondrons que l'art. 96 du C. de comm. va même jusqu'à supposer que l'inscription a été requise et par conséquent l'on voit bien que le législateur n'a pas eu seulement en vue le moyen de contrôle ordinaire pour la régularité des opérations du commerçant, mais un titre destiné à être invoqué par ceux qui contractent avec lui (Bonnier, n° 173).

Il ne faut pas non plus faire application de l'article 1348 aux remises de titres et de pièces confiés à un officier public, puisqu'elles ne constituent point un dépôt nécessaire dont il soit impossible de se procurer une preuve écrite (Larombière, n° 37; Bordeaux, 18 août 1837; *rej.*, 6 nov. 1838). Nous refusons également de voir avec Rodier (tit. XX, art. 4. (Ordonn. de 1667) un dépôt nécessaire dans la remise d'objets à un joaillier ou à un tailleur.

Nous adopterions la même solution à l'égard d'un dépôt de valeurs fait entre les mains d'un agent de change, bien que la plupart des agents de change aient pris l'habitude de ne pas délivrer de récépissé (Bordeaux, 3 janvier 1860).

En faisant l'explication de l'art. 1341, nous avions réservé la question de savoir si la double prohibition de cet article devait s'appliquer aux matières commerciales. Quant à la nécessité de dresser un écrit pour un intérêt supérieur à 150 fr., on ne saurait l'imposer aux commerçants.

La rapidité et l'économie nécessaires aux obligations commerciales constituent une véritable impossibilité morale de se procurer une preuve écrite. Du reste, la plupart des auteurs reconnaissent que l'on doit généraliser l'application de l'art. 109 du Code de commerce qui n'autorise les juges à admettre la preuve testimoniale que pour les *achats et ventes* (*rej.*, 17 mars et 13 juillet 1868).

Nous croyons aussi que même lorsque les parties auront rédigé un écrit, elles devront être admises à la preuve testimoniale contre et outre le contenu de cet acte.

Les partisans de la négative prétendent que là où le crédit est en jeu, rien ne serait plus dangereux que de faire revivre des pourparlers auxquels les contractants avaient attaché peu d'importance, et qui pourraient amener une perturbation profonde dans la situation de l'un d'eux, s'ils étaient accueillis. En outre, ils se fondent sur l'historique de l'art. 109 du Code de commerce, dont la rédaction première n'admettait la preuve testimoniale que « s'il y avait commencement de preuve par écrit. » La rédaction définitive, disent-ils, adoptée sur les réclamations des Cours et tribunaux de commerce, n'a pas eu pour but d'admettre sans restriction la preuve testimoniale, mais tout simplement d'auto-

riser les juges à entendre les témoins lorsqu'ils auraient constaté l'impossibilité de dresser un écrit,
mais nullement lorsqu'il y en aurait eu un de rédigé. Nous repoussons cette opinion, parce que
nous la trouvons aussi contraire au texte de la loi
que peu conforme aux précédents.

L'art. 1341, *in fine*, correspond, en effet, exactement à l'art. 2, du tit. 20 de l'Ordonnance de 1667,
qui décidait que les juges consuls n'étaient point
astreints dans leurs jugements à l'Ordonnance de
Moulins. « On a préféré, dit Merlin, le danger de
» quelques fraudes particulières à celui d'entraver
» les négociations et de tromper la bonne foi en exi-
» geant trop de précautions. On sait que les négo-
» ciants donnent le plus souvent des quittances
» portant valeur reçue, sans autre assurance que
» des paroles ou des ordres, et que cette manière de
» négocier est l'âme du commerce de toutes les
» nations. Il était donc indispensable d'admettre
» la preuve que l'argent énoncé dans les livres
» n'avait pas été compté, ou que les marchandises
» n'avaient pas été délivrées quoique payées. »

Du reste, quel que soit le motif qui ait fait repousser la première rédaction de l'art. 109, nous
croyons qu'il doit être entendu dans son acception
littérale. Cette interprétation, plus conforme aux
précédents, nous explique pourquoi l'art. 41, du
même Code, décide qu'aucune preuve par témoins
ne peut être admise contre et outre le contenu aux
actes de société. Cet article serait complétement

inutile, si tel était le droit commun en matière commerciale. Il est bon cependant de faire remarquer que la preuve testimoniale n'ayant pas paru au législateur exempte, en matière commerciale, des dangers qui l'ont fait restreindre en matière civile, le même art. 109 laisse aux juges le pouvoir de l'admettre ou de la rejeter, conformément à l'ancienne pratique des juges-consuls.

Ici se présente une question plus délicate. La preuve par témoins sera-t-elle admissible, si l'opération n'est commerciale que pour l'une des parties par exemple, si un propriétaire, cultivateur ou vigneron a vendu des denrées provenant de son crû à un négociant qui les a achetées pour son commerce. Si la partie qui n'a pas fait acte commercial veut prouver la convention contre celle qui a fait acte de commerce, elle pourra le faire par témoins ; si au contraire, c'est la partie qui a fait acte de commerce qui veut prouver la convention, elle sera soumise aux règles du Code civil. Telle est la distinction admise par MM. Aubry et Rau et Demangeat. C'est la doctrine qui résulte également d'un arrêt de Cassation du 14 novembre 1862.

Nous terminerons cette matière en faisant remarquer que le Code de commerce n'a pas voulu faire dépendre de la déposition des témoins certains contrats d'une haute importance. Ainsi les sociétés commerciales autres que l'association en participation, exigent la rédaction d'un écrit.

Pour les sociétés en commandite par actions et

pour les sociétés anonymes, il suffit depuis la loi de 1867, que l'écrit sous seing privé soit fait en double original. De même l'acceptation d'une lettre de change (C. de c. art. 122), doit être faite par écrit. Enfin, la vente ou le louage d'un navire (art. 195 et 273), le contrat de prêt à la grosse (art. 311), et le contrat d'assurance maritime (art. 322), sont également soumis à la rédaction d'un écrit. La loi ne parle pas du contrat d'assurance terrestre. Aussi pensons-nous qu'on doit lui appliquer les règles du droit commun en matière de preuve.

Quant au prêt à la grosse nous serions d'avis d'admettre la preuve par témoins entre l'emprunteur et le prêteur à la grosse. Il semble, en effet, résulter du rapprochement de l'art. 311 et 312 du Code de commerce, que l'écrit n'a été exigé qu'en vue du privilége du prêteur (1).

Le 3° de l'art. 1348. étend à toutes sortes de contrats l'exception qu'il n'avait encore appliquée qu'au dépôt nécessaire, pourvu toutefois que ces obligations aient été contractées en cas d'accidents imprévus, où il eût été impossible de se procurer une preuve littérale. C'est là la condition essentielle à laquelle l'exception est subordonnée. C'est surtout

---

(1) Nous pouvons remarquer que d'après la loi du 10 décembre 1874, sur l'hypothèque des navires, le § 3 de l'art. 191, et le § 7 de l'art. 192 du C. de commerce, qui accordaient un privilége pour les sommes prêtées à la grosse *avant* le départ du navire, sont abrogés.

dans de pareilles circonstances que les juges devront user du pouvoir discrétionnaire qui leur est remis et rejeter la preuve testimoniale, si la qualité de la personne et les circonstances du fait fournissent des présomptions suffisantes de la non-existence du fait allégué.

Nous nous contenterons à titre d'exemple de citer le cas suivant :

Si, à l'époque d'une invasion vous rencontrez sur votre chemin un de vos amis, fuyant l'ennemi qui s'avance, vous pourrez sans crainte lui prêter devant témoins une somme supérieure à 150 francs, pour continuer sa route et passer la frontière ; sans doute à la rigueur il eût peut-être été possible de dresser un écrit devant un officier public de la localité ; mais, comme le dit fort bien M. Bonnier, le législateur n'a pas voulu mettre d'entraves aux relations de philanthropie et d'humanité.

La dernière exception que nous signale l'art. 1348, est celle où le créancier a perdu le titre qui lui servait de preuve littérale, par suite d'un cas fortuit, imprévu et résultant d'une force majeure.

On ne saurait, en effet, reprocher au créancier d'avoir manqué aux prescriptions de la loi, puisqu'il avait rédigé un écrit, et le rendre responsable d'un événement malheureux qui le met plus tard dans l'impossibilité absolue de représenter une preuve littérale. « Car, comme le dit Pothier, (*Oblig.* n° 781), » la même raison qui oblige à recevoir la preuve » testimoniale des faits dont la partie qui les allègue

» n'a pu se procurer un acte, oblige aussi d'admettre
» à cette preuve celui qui, par un cas fortuit et
» imprévu, a perdu le titre qui lui servait de preuve
» littérale. »

Et il ajoute : « Si, par exemple, dans l'incendie ou
» dans le pillage de ma maison, j'ai perdu mes pa-
» piers parmi lesquels étaient des billets de mes
» débiteurs ou des quittances de sommes que j'avais
» payées à mes créanciers, je dois être admis à
» prouver par témoins les sommes que j'ai prêtées
» et que j'ai payées, quel qu'en soit le montant. Il
» serait souverainement injuste de donner au hasard
» et au malheur l'effet de priver d'un droit légitime-
» ment acquis la personne qui s'est conformée à la
» loi et à laquelle on ne peut imputer aucune négli-
» gence. » Justinien, en avait fait aussi un cas
d'exception aux règles qu'il avait établies pour la
preuve de la libération, (l. 18. C. *de test.*).

Mais l'admission de la preuve par témoins sera
subordonnée à l'administration d'une triple preuve.
D'abord le demandeur devra prouver : 1° l'existence antérieure du titre ; 2° le cas fortuit imprévu
et résultant d'une force majeure ; et 3° la perte du
titre.

Souvent il est vrai, la preuve de la perte du titre
se confondra avec celle du cas fortuit. Mais en définitive, voilà les trois points que le créancier devra
démontrer.

Quant à la preuve de l'existence antérieure du
titre, le demandeur est naturellement appelé à la

faire puisque c'est pour avoir perdu ce titre qu'il s'adresse à la justice. Il suffira que les témoins aient eu connaissance de l'écrit et ils ne seront nullement forcés d'en rapporter exactement la teneur. Telle est l'opinion générale et aussi celle de Pothier, (*Oblig.*, n° 781 et 816).

Mais le point capital à établir, c'est le cas fortuit, imprévu, dont il prétend avoir été la victime. Les expressions mêmes du Code nous indiquent quelle doit être la nature des événements qui ont occasionné la perte du titre. Ce sont des cas, comme par exemple l'incendie, le naufrage, l'extorsion, etc., qui sont complétement indépendants de la volonté du créancier et qui ne sont le résultat ni de sa faute ni de sa négligence.

Il ne suffirait pas que le créancier alléguât la perte de son titre, en disant simplement qu'il s'est égaré soit à son domicile, soit dans un autre lieu. Ce n'est pas là le cas fortuit, imprévu et résultant d'une force majeure dont parle l'art. 1348.

Comme le fait remarquer Pothier : « Si l'on n'exi-
» geait pas la constatation d'un fait de force ma-
» jeur, l'Ordonnance qui défend la preuve par té-
» moins, pour prévenir la subornation des té-
» moins, deviendrait illusoire; car il ne serait pas
» plus difficile à quelqu'un qui voudrait faire la
» preuve par témoins de quelque prêt ou de quelque
» paiement, qu'il n'aurait pas fait, de suborner
» des témoins qui diraient qu'ils ont vu entre ses
» mains des obligations ou des quittances, comme

» d'en suborner qui diraient qu'ils ont vu compter
» l'argent. »

Ainsi donc, le point fondamental de l'enquête c'est la perte du titre, et ce n'est qu'après avoir bien établi ce point que le créancier sera admis à faire entendre des témoins sur le contenu de l'acte perdu (Arrêt de cassation, 7 ventôse an XI, Orléans, 13 déc. 1862).

On sera recevable à prouver la perte du titre même dans les hypothèses où la forme authentique est nécessaire à la validité de l'acte invoqué, comme par exemple pour les testaments (rej. 12 décembre 1859). Mais alors les témoins devront aussi prouver l'accomplissement des formes et solennités requises par la loi (Cass. 17 fév. 1806). Il eut été vraiment rigoureux de faire dépendre d'un événement fortuit l'existence de droits légitimement acquis.

On voit que, dans tous ces cas, les juges devront user d'une grande circonspection et tenir grand compte des circonstances du fait et de la qualité des personnes.

TROISIEME EXCEPTION

CONSENTEMENT DE L'ADVERSAIRE

Nous venons de parcourir tous les cas où cesse l'exclusion de la preuve testimoniale en matière de conventions.

Demandons-nous encore si les juges pourront admettre l'enquête, lorsque la partie contre laquelle elle est proposée y consent formellement. En un mot, sommes-nous en présence d'une règle d'ordre public, à laquelle les parties ne peuvent déroger (C. civ., art. 6).

Cette question a été et est encore fort débattue depuis le XVI⁰ siècle, sans que le législateur ait jamais songé à la trancher. Il est certain que sous l'ancienne jurisprudence la prohibition était considérée comme d'ordre public; un grand nombre d'arrêts en font foi. Ce qui s'explique par la nécessité où l'on se trouvait de réagir contre les pratiques précédentes. Mais aujourd'hui ce motif a complétement disparu. De ce que la loi dans les termes dont elle se sert, paraît s'adresser aux juges, il ne s'en suit pas que cet ordre soit absolu et qu'il lui soit défendu d'ordonner l'enquête, lorsque la partie intéressée elle-même y consent.

Nous trouvons que les considérations tirées de

l'ordre public sont bien vagues pour soutenir que la prohibition doit néanmoins subsister. Le principe que nul ne peut être distrait de ses juges s'appuie également sur des considérations de ce genre, et cependant rien n'empêche d'y renoncer (C. de pr., art. 169). Si le législateur a placé une arme entre les mains des parties, il n'a pas entendu pour cela les obliger à s'en servir. D'autant plus qu'un homme de cœur préférera souvent s'exposer à la preuve testimoniale que de laisser planer le moindre soupçon sur sa bonne foi. Telle était autrefois l'opinion de Jousse et de Duparc-Poullain et qui prévaut aujourd'hui dans la jurisprudence et qui est soutenue par d'excellents auteurs (Bourges. 16 déc. 1826; Rennes, 25 fév. 1841 ; Bordeaux, 16 janv. 1846. Bonnier, n° 177, Boitard, art. 253; Duranton, tome XIII, n° 308).

Dans le système contraire il faudrait admettre que la partie qui a acquiescé au jugement interlocutoire ordonnant l'enquête, aurait la faculté de l'attaquer si le jugement définitif lui était défavorable. Ce serait ainsi venir en aide à la mauvaise foi des plaideurs et retomber dans les involutions de procédure que le législateur a surtout eu en vue d'éviter. Aussi la Cour de cassation par deux arrêts de rejet du 31 mars 1847 et du 11 mars 1856 a-t-elle consacré notre opinion.

SECTION IV

S'il est des cas où le législateur a cru pouvoir se départir de sa rigueur ordinaire en admettant la preuve testimoniale, nous allons voir qu'il en est d'autres au contraire où il l'a constamment rejetée, quelle que soit la valeur du litige et alors même qu'il existe un commencement de preuve par écrit. Ce n'est pas qu'il ait considéré l'écriture comme une condition substantielle de la validité de la convention, mais il a pensé que ce serait le moyen de preuve le plus efficace pour éviter la multiplicité des procès.

I. Le premier contrat dont la preuve est soumise à des règles exceptionnelles, c'est le louage des maisons et des biens ruraux. Observons tout d'abord que ces règles ne concernent que les baux des maisons et des biens ruraux et ne s'appliquent nullement aux contrats de louage d'une autre nature, tels que ceux de meubles, d'ouvrage et d'industrie, de domestiques et ouvriers, etc., qui sont soumis au droit commun.

L'art. 1715 du Code civil, conforme à l'ancien usage de Paris, enlève aux parties la ressource de la preuve testimoniale, lorsqu'elles veulent constater l'existence d'un bail de maisons ou de biens ruraux qui n'a encore reçu aucune exécution, quelque modique qu'en soit le prix et quoiqu'on allègue qu'il y a eu des arrhes données. On a pensé que dans une matière aussi usuelle, où tout a un caractère incontestable d'urgence, il fallait prescrire la preuve par témoins pour éviter une foule de petits procès. Lorsque l'art. 1715 ajoute que la partie poursuivante n'aura d'autre moyen de justification que de refuser le serment à celui qui nie le bail, il nous semble bien avoir voulu édicter une prohibition absolue de la preuve par témoins, même au cas où il existerait un commencement de preuve par écrit. En dehors du serment il ne devra rester à la partie que la ressource de l'aveu du défendeur. (Paris, 6 mai 1862; Rouen, 18 fév. et 19 mars 1841). La Cour de cassation (rej. 1ᵉʳ août 1867) qui d'abord n'avait pas jugé le texte assez formel pour établir une dérogation à l'art. 1347 est revenue sur sa jurisprudence par un arrêt de rejet du 19 février 1873. Lorsque la contestation portera sur le fait même de l'exécution du bail, un arrêt de cassation du 14 janvier 1840, a décidé « qu'admettre à prouver » par témoins des faits considérés comme commen- » cement d'exécution d'un bail verbal, ce serait » admettre comme conséquence nécessaire la preuve » testimoniale d'un bail verbal, preuve formelle- » ment interdite par la loi. » (Voy. aussi Cass., 12 janvier 1864). Nous trouvons cette solution un peu rigoureuse. Quoiqu'il en soit, on pourra du

reste établir l'exécution par l'aveu de la partie et notamment par ses correspondances (rej. 5 mars 1856).

Mais lorsque l'exécution du bail aura commencé,
il peut s'élever un débat sur les clauses et conditions accessoires. S'il y a contestation sur le
prix, l'art. 1716 nous dit que lorsqu'il n'existera
point de quittance, le propriétaire en sera cru sur
son serment, si mieux n'aime le locataire demander l'estimation par experts, auquel cas les frais de
l'expertise restent à sa charge, si l'estimation excède le prix qu'il a déclaré. La loi, dit-on, a pensé
que le propriétaire ne trahirait pas la vérité, parce
qu'il est intéressé à conserver sa réputation d'hon-
nête homme, afin de trouver facilement d'autres
locataires. Du reste elle n'a pas entièrement laissé
le locataire à la discrétion du propriétaire puisqu'il
est libre de recourir à une expertise.

Quant aux autres conditions et clauses accessoires
du bail, bien que la jurisprudence ne soit pas fixée
à cet égard, nous pensons qu'il faut revenir au droit
commun et admettre la preuve testimoniale. Et en
effet la clause la plus importante celle de la durée,
n'est-elle pas suppléée par la loi (art. 1736 et 1774).
Toutes les distinctions que l'on a cherché à établir
sont arbitraires et ne servent qu'à rompre l'harmonie et l'unité des règles du Code.

Pas plus que le bail lui-même, on ne pourra
prouver par témoins la résiliation du bail, même
dans le cas où il existerait un commencement de
preuve par écrit.

Mais nous ne pensons pas qu'en dehors des règles que nous venons de poser sur le bail, le propriétaire soit dépourvu de tout moyen d'action contre celui qui a occupé sa chose et qui nierait l'existence du bail. Renonçant à toute allégation de bail, il sera admis à prouver par témoins que son adversaire a possédé sa maison ou son champ et en a tiré profit non pas à titre de locataire, mais comme usurpateur. Le demandeur ne réclame plus alors l'exécution d'un contrat de louage, mais il conclut seulement à une indemnité de jouissance et à des dommages-intérêts, conformément à l'art. 1382 du Code Napoléon. (Orléans, 12 fév. 1842.) Ce cas avait déjà été prév" par Boiceau qui donnait au propriétaire une action *in factum* : « Petitio hoc modo
» facta, dit-il, contractum non respiciet, qui testium
» probationem admitteret, sed nudam tantum et
» injustam occupationem, quæ occupantem ex
» quasi contractu, vel quasi delicto , obligasse
» videtur. » (V. Jousse Ord. 1667, tit. XX, art. 4).

II. L'art. 2044 exige que la transaction soit rédigée par écrit. Comme le disait fort bien le tribun Albisson. « La transaction devant terminer un procès, c'eût été risquer d'en faire naître un nouveau que d'en laisser dépendre l'effet de la solution d'un problème sur l'admissibilité ou les résultats d'une épreuve testimoniale. »

L'écriture n'est donc pas exigée, comme une condition substantielle de la validité du contrat, mais seulement comme moyen de preuve. Aussi la tran-

saction serait-elle valable, quoique non constatée
par écrit, pourvu que son existence et ses clauses
accessoires, soient reconnues et avouées. Voilà
pourquoi la plupart des arrêts (Bruxelles, 1er déc. 1810;
Nancy, 29 juillet 1837; Limoges, 6 fév. 1845) ont
admis la preuve de la transaction verbale au moyen
du serment et de l'interrogatoire sur faits et articles.

Mais s'il existe un commencement de preuve par
écrit, la preuve par témoins sera-t-elle recevable?
Nous ne le pensons pas, parce que les inconvénients dont nous parlait le tribun Albisson se représentent ici avec la même force que dans le cas
précédent. Cependant la Cour de cassation (Cass.
23 nov. 1864) n'a pas trouvé le texte du Code assez
précis pour pouvoir déroger à l'art. 1347. En sens
contraire nous trouvons de nombreux arrêts de
cours d'appel (Nancy, 5 sept. 1867; Metz, 30 nov.
1869.)

Comme la transaction irait contre son but, si
elle avait pour résultat de multiplier les procès,
nous adopterons la même solution, même en matière commerciale.

III. Quant au compromis, qui est un contrat par
lequel les parties confient à des juges de leur choix
le soin de trancher leur différent, il devra être
rédigé par écrit (1005, C. pr.) et nous lui applique-
rons tout ce que nous avons dit de la transaction.

IV. Pour pouvoir faire la preuve du gage, c'est-à-
dire du nantissement mobilier, les parties contrac-

tantes doivent se référer aux règles du droit commun. Mais à l'égard des tiers il y a lieu de faire une triple distinction. S'il s'agit de choses excédant la valeur de 150 francs, le privilége résultant du gage n'a lieu qu'autant qu'il y a un acte public ou sous seing privé, dûment enregistré, contenant la déclaration de la somme due, ainsi que l'espèce et la nature des choses remises en gage, ou un état annexé de leur qualité, poids et mesure (art. 2074).

S'il s'agit de choses dont la valeur ne dépasse pas 150 francs, même à l'égard des tiers la preuve par témoins est admise.

Enfin s'il s'agit de meubles incorporels, tels que des créances mobilières, le privilége ne s'établit que par acte public ou sous seing privé aussi enregistré et signifié au débiteur de la créance donnée en gage (2075). La nature même de ces formalités montre bien qu'elles s'appliquent même aux créances inférieures à 150 francs.

Nous croyons devoir observer qu'en matière commerciale depuis la loi du 23 mai 1863, le gage constitué soit par un commerçant, soit par un individu non commerçant pour un acte de commerce, se constate à l'égard des tiers comme à l'égard des parties contractantes conformément à l'art. 109 du Code de commerce, c'est-à-dire par tous les modes de preuve admis en matière commerciale.

V. L'art. 2085 dispose que l'antichrèse ou le nantissement d'une chose immobilière ne s'établit que par écrit. Pour les parties contractantes comme pour les tiers la preuve testimoniale est proscrite. La loi ici ne distingue pas. Nous dirons seulement que l'acte pour être opposable aux tiers, devra avoir date certaine et être transcrit au bureau des hypothèques de la situation de l'immeuble, conformément à l'art. 2 de la loi du 23 mars 1855. Le législateur a voulu prohiber les conventions simplement verbales qui en cette matière pourraient devenir le prétexte de nombreux désordres. (Fenet, tome XV, p. 211). Les termes de l'art. 2085 sont trop impératifs et trop absolus pour que nous puissions admettre la preuve testimoniale, même au cas où il existerait un commencement de preuve par écrit. Cependant comme pour le bail et par les mêmes considérations nous autoriserons le créancier à bénéficier de l'aveu ou du serment du débiteur.

VI. Certains auteurs et avec eux la Cour de cassation (Cass., 6 juillet 1836) s'appuyant sur le texte de l'art. 816 du Code qui dit que le partage peut être demandé, s'*il n'y a un acte de partage*, ou possession suffisante pour acquérir la prescription, ont soutenu que le partage était soumis à la rédaction d'un écrit. Le partage, disent-ils, étant une opération essentiellement complexe ne saurait être utilement établi au moyen de la preuve testimoniale, y eut-il un commencement de preuve par écrit.

Nous ne croyons pas que les rédacteurs du Code aient admis une doctrine aussi rigoureuse. Le mot *acte* a plusieurs sens dans nos lois, et ici il veut tout simplement dire *convention*. Le législateur n'a eu en vue que d'interdire les partages de fait, si fréquents dans certains pays coutumiers, et déjà si critiqués par les anciens auteurs. Il a entendu proscrire au profit d'un partage basé sur la convention des parties ces partages dont l'existence ne résultait que d'un fait de jouissance séparée ayant porté sur tel ou tel bien en faveur de tel ou tel cohéritier. Cette doctrine résulte des documents législatifs et paraît être en harmonie avec l'art. 819 du Code; qui autorisant les héritiers majeurs à faire le partage *pan la forme et dans tel acte qu'ils jugent convenable*, semble bien faire allusion au droit commun. C'est celle en définitive que la Cour de cassation a fini par adopter (*rej.* 21 janvier 1867).

VII. L'art. 1907 exigeait que le taux de l'intérêt conventionnel fut fixé par écrit. On espérait ainsi que les prêteurs n'oseraient pas, dans la crainte de passer pour des usuriers, faire figurer dans l'écrit qui serait rédigé un intérêt par trop exagéré. De là certains auteurs avaient conclu que la preuve par témoins d'une convention verbale d'intérêts était inadmissible, quand même il se fut agi d'une valeur moindre de 150 francs (M. Dur., t. 17, n° 598). Ils vont même jusqu'à dire qu'il n'y a pas lieu à déférer le serment ni à faire interroger le débiteur sur le fait de cette promesse d'intérêts. Cette opinion excessive est en complète contradiction avec l'art. 1342 du Code qui admet indistinctement la preuve testimoniale tant pour les intérêts que pour le capital du moment où ils n'excèdent pas la somme de 150 francs. Cette question du reste n'offre plus aujourd'hui le même intérêt, puisque la loi du 3 septembre 1807, ne reproduisant pas la disposition de l'art. 1907, l'a tacitement abrogée. Cette disposition n'était plus nécessaire du moment où la loi fixait une limite que les parties ne peuvent point dépasser. D'où l'on peut conclure que le taux de l'intérêt peut aujourd'hui être établi par témoins selon les règles du droit commun et toujours au moyen du serment ou par l'aveu du débiteur.

VIII. Nous pensons que la cession d'un office doit être rédigée par écrit et les parties ne pourraient pas en faire la preuve par témoin, même s'il y avait un commencement de preuve par écrit.

L'art. 91 de la loi de finances du 28 avril 1816 avait assimilé à la vente la faculté de présentation. Aussi la Cour de cassation par un arrêt de rejet du 8 février 1826, avait considéré une simple lettre comme suffisante pour opérer la cession entre les parties ; si bien que la Cour de Bordeaux (7 mai 1834) crut pouvoir autoriser la preuve testimoniale parce qu'il existait un commencement de preuve par écrit. Mais l'art. 6 de la loi du 25 juin 1841, en établissant un droit de 2 0/0 sur le prix de la cession, exigea qu'elle fut constatée par écrit et enregistrée.

Aussi la Cour de Caen par un arrêt du 1er juillet 1863 infirma-t-elle un jugement du tribunal de Domfront (13 mai 1863) qui avait décidé que la rédaction d'un écrit n'était exigée que vis-à-vis de l'administration, et que quant aux parties, on devait leur faire application du droit commun. Mais la Cour de Caen, sur l'avis de M. Demolombe, ne voulut pas admettre cette théorie. En effet la vente d'un office est un acte exorbitant, tout à fait en dehors des prévisions du droit commun ; et il n'est pas étonnant que le législateur ait cru devoir le règlementer et par conséquent la preuve par témoins doit être rejetée, s'appuya-t-elle sur un commencement de preuve par écrit.

Nous avons déjà dit précédemment que le Code de commerce n'avait pas voulu faire dépendre de la déposition des témoins certains contrats d'une haute importance. Aussi n'y reviendrons-nous pas.

CHAPITRE II

Règles spéciales concernant les questions d'état.

Sans entrer dans de grands développements que ne comporterait pas l'étendue de notre sujet, nous croyons cependant devoir le compléter par l'examen rapide des règles spéciales de notre matière qui concernent les questions d'état.

Il n'était pas possible d'établir des règles uniformes pour la preuve des obligations et la preuve de l'état des personnes. Si le témoignage a ses dangers lorsqn'il s'agit de simples conventions qui n'engagent le plus souvent que des intérêts pécuniaires, les raisons qui l'ont déjà fait restreindre ont bien plus de force dans les questions d'état qui mettent en jeu non seulement le patrimoine des familles, mais leur repos, leur honneur et la moralité publique. Aussi le législateur, comme le dit fort bien M. Bonnier (n° 149), repousse-t-il la preuve testimoniale même pour des faits de l'ordre de la nature sans examiner si le demandeur a pu ou non faire constater les points qu'il a intérêt à établir aujourd'hui.

Mais il s'agit ici d'une restriction toute spéciale, ne tendant pas à proscrire toute preuve par témoins, mais seulement à l'écarter relativement à certains éléments de décision. Cette restriction est aussi plus rigoureuse qu'en matière de conventions, en ce que à défaut de la preuve par témoin, elle enlève aux parties la ressource de l'interrogatoire ou du serment.

En droit romain le preuve testimoniale était toujours admise dans les questions d'état, sauf en ce qui concerne l'ingénuité (loi 2, C. de testibus).

Justinien essaya bien (Nov. 74, ch. 4) d'exiger un écrit pour le mariage, mais il fut bientôt obligé de restreindre sa prescription aux grands personnages de l'Empire (Nov. 117, ch, 4). Dans notre ancien droit, ce fut le clergé qui suggéra l'idée de constater par écrit l'état des personnes. Les Ordonnances de Villers-Cotterets en 1539 et de Blois en 1579 ordonnèrent aux curés et vicaires de tenir des registres des mariages, naissances et décès de toutes personnes et de déposer leurs registres aux siéges des baillages et sénéchaussées. Mais ces Ordonnances furent mal observées, et ce n'est qu'en 1736 que le dépôt des actes aux siéges royaux fut définitivement organisé. Du reste, ces Ordonnances ne concernaient que les catholiques, puisque la révocation de l'édit de Nantes avait mis les protestants en dehors du droit commun. Ce n'est qu'en 1787 que Louis XVI leur rendit la liberté de leur culte et leur permit de constater régulièrement leur état civil. Enfin, la loi du 20 septembre 1792 attribua à une autorité purement civile la tenue des des registres des naissances, mariages et décès. Tel est le système suivi par le Code.

Nous parlerons d'abord de la naissance et des décès, simples faits de la nature pour lesquels le législateur a dû se montrer moins sévère dans l'admission de la preuve testimoniale que pour le mariage et la filiation qui sont la base fondamentale de la société. Nous verrons même que la preuve de ces deux derniers faits est régie par des principes tout différents.

SECTION PREMIÈRE

NAISSANCES ET DÉCÈS

En principe, la preuve des mariages, des naissances et des décès ne s'établit que par les actes inscrits sur les registres de l'état-civil. Mais il peut se présenter des circonstances où l'application de cette règle eût été trop rigoureuse. Aussi, l'art. 46 nous dit-il que lorsqu'il n'aura pas existé de registres ou qu'ils seront perdus, la preuve en sera reçue tant par titres que par témoins ; et, dans ces cas, les mariages naissances et décès pourront être prouvés tant par les registres et papiers émanés des père et mère décédés que par témoins. Il y a là en effet, une impossibilité absolue de produire une preuve littérale, et l'art. 46 n'est que l'application du droit commun, c'est-à-dire du 4° de l'art. 1348.

La perte des registres est un fait assez rare qui

cependant s'est produit à Paris, en 1871, sur une vaste échelle, à la suite des malheureux évènements de la Commune. S'il ne s'agit que d'une perte partielle, la jurisprudence et la doctrine sont d'accord, conformément à l'art. 5 de la loi du 13 janvier 1817 sur les militaires, pour la mettre sur la même ligne que la perte totale. Et, en effet, pour les parties intéressées, la destruction partielle n'équivaut-elle pas à la destruction totale (Bordeaux, 9 mars 1812; Montpellier, 2 mars 1832: Cass., 24 mars 1829)? On devrait également faire rentrer dans les termes de l'article 46 le cas où il n'aurait pas été tenu de registres, ou bien celui où les registres ont été tenus sans ordre et avec des lacunes ; car on ne saurait rendre les parties responsables, soit de l'impossibilité où elles ont été de se procurer un acte, soit de la négligence des officiers de l'état civil.

Si nous supposons que les registres existent, qu'ils aient été tenus régulièrement, mais qu'on ait omis d'y inscrire des naissances, mariages ou décès, pourrait-on suppléer à cette omission au moyen d'une enquête judiciaire? Nous croyons avec la jurisprudence (rej. 1er juin 1830 et 22 avril 1831) qu'on peut étendre aux omissions des actes de l'état civil la règle de l'art. 46.

N'oublions pas que la preuve testimoniale est de droit commun quand il s'agit d'établir des faits de l'ordre de la nature et par conséquent, bien qu'on eut pu dresser un acte, on doit écarter l'art. 1341 qui est relatif aux conventions. L'art. 46, du reste, n'est point limitatif, et n'est qu'une application des principes généraux. C'est par le même motif que nous repoussons l'argument *a contrario* tiré de l'art 19 du décret du 3 juin 1813 sur les accidents arrivés dans l'exploitation d'une mine. Et notre doctrine n'est-elle pas encore confirmée par les travaux préparatoires? « Ne serait-il pas dangereux, » disait M. Thibaudeau (*Locré*, tom 3, p. 68), que » la loi prévit le cas d'omission, et il est plus con- » venable que les contestations auxquelles les » omissions pourraient donner lieu soient portées » devant les tribunaux qui y statueront suivant » les circonstances. »

Cependant tout en admettant la preuve testimoniale, nous voulons qu'elle soit administrée dans la forme d'une enquête spéciale, ordonnée par le tribunal et dirigée par l'un des juges. Si le Code a autorisé celui des époux (art. 70) qui serait dans l'impossibilité de se procurer son acte de naissance, à y suppléer par un acte de notoriété dressé par un juge de paix sur la déclaration de sept témoins, c'est dans le but de favoriser le mariage. De même on doit considérer comme une faveur exceptionnelle la faculté de suppléer par une déclaration assermentée des parties et des témoins à l'acte de décès d'un ascendant dont on ignore le dernier domicile (Avis du Conseil d'État du 4 thermidor an XIII.) Ce sont là des dérogations au mode habituel de la procédure d'enquête, que le législateur a dû formellement énoncer, mais qui ne peuvent fournir aucun argument *à contrario* pour prétendre qu'en dehors des cas prévus par l'art. 46, on doit rejetter la preuve testimoniale pour établir les naissances et les décès. Lorsqu'à défaut de témoins l'art. 46 ne nous parle que des registres et papiers *émanés des père et mère décédés*, il ne fait que reproduire les expressions purement énonciatives de l'Ordonnance de 1667 (*rej.*, 8 nov. 1820 et 18 déc. 1838). Car en matière de filiation là où le législateur se montre beaucoup plus rigoureux, il admet parfaitement les écrits émanés de toute partie intéressée, vivante ou décédée. La Cour de cassation a même décidé que l'admission de la preuve testimoniale devait entraîner conformément à l'art. 1353, celle des présomptions simples (rej. 16 fév. 1837).

SECTION II

MARIAGE

Lorsqu'on ne pouvait justifier de cérémonies spéciales (*nuptiæ*), on conçoit que les Romains aient admis la possession d'état comme preuve du mariage, parce que chez eux l'*uxor* ne se distinguait de la *concubina* que par la différence de l'affection dont elle était l'objet.

Au moyen âge, le droit canonique permettait de contracter mariage par *paroles de présent* (par opposition aux *paroles de futur* qui emportaient seulement promesse de mariage) sans qu'il fut nécessaire d'y ajouter aucune autre cérémonie. Aussi ne pouvait-on guère constater la légitimité de l'union que par la nature des relations qui avaient existé entre deux personnes que l'on avait toujours regardées comme mari et femme. Cette doctrine subsista encore après la promulgation de l'Ordonnance de Moulins, parce que le mariage est une convention soumise à des règles spéciales (Boiceau, part. 1, chap. IV). Ce n'est que le Concile de Trente, qui ordonna aux parties, à peine de nullité, de contracter mariage *præsente parocho et duobus vel tribus testibus*. Ce decret qui ne fut pas reçu en France, parce qu'il empiétait sur la compétence du pouvoir séculier, fut consacré plus tard dans les Ordonnances de nos rois (ord. de Blois de 1539, art. 40; ord. de 1639, art. 7). L'art. 7 de l'Ordonnance de 1639 défendit aux juges de recevoir la preuve par témoin des *paroles de présent*, et enjoignit de dresser un acte de célébration en présence de quatre proches parents, ce qui fit perdre à la possession d'état une grande partie de sa valeur. Cependant, dans des circonstances très-favorables, on voit les Parlements en revenir encore à l'ancienne doctrine. (Parl. de Paris, 7 janv. 1676.) D'autre part, en dehors de l'art. 17 de l'Ordonnance de 1667 qui admettait la preuve par témoins en cas de perte ou de non existence des registres, la possession d'état, de même qu'un commencement de preuve par écrit, était regardée

comme suffisante pour autoriser la preuve testimoniale. (Danty, *loc. cit.*) Nous ajouterons qu'au siècle
dernier les Parlements avaient été obligés d'admettre la possession d'état comme preuve générale du
mariage des protestants, contraints, selon le langage du temps, *à célébrer leurs noces au désert.*

Aujourd'hui, où il ne saurait plus être question
des *paroles de présent*, le législateur a pensé que la
possession d'état prêterait singulièrement à la fraude
surtout dans les grandes agglomérations d'habi-
tants, et a refusé de lui faire produire les mêmes
effets qu'autrefois.

Nul, dit l'art. 194 du Code, « ne peut réclamer
» le titre d'époux et les effets civils du mariage, s'il
» ne représente un acte de célébration inscrit sur
» le registre de l'état civil, sauf les cas prévus par
» l'art. 46, au titre des actes de l'état civil. » Et
l'art. 195 ajoute « que la possession d'état ne pourra
» dispenser les prétendus époux qui l'invoqueront
» respectivement, de représenter l'acte de célébra-
» tion du mariage devant l'officier de l'état civil. »

Ainsi donc pour prouver le mariage contrairement, comme nous le verrons plus tard, à ce qui a
lieu en matière de filiation (art. 323), le législateur
repousse implicitement l'enquête et exige, sauf certains cas (art. 46, 197, 198, 200) impérieusement un
écrit, parce qu'il redoute les dangers de la preuve
testimoniale et qu'il dépend uniquement des parties de se conformer aux prescriptions de la loi.
S'il repousse également la possession d'état, c'est

qu'il a craint qu'elle ne fut une fraude habilement prolongée. Comment croire en effet que celui des epoux qui agit contre l'autre, ne se rappelle plus le lieu où le mariage a été contracté. La bonne tenue des registres rend aujourd'hui la vérification si facile.

Mais le législateur a cru devoir introduire une exception à cette dernière règle, en faveur des enfants qui ont fort bien pu ignorer le lieu où leurs parents se sont mariés. « Si néanmoins (art. 197)
» dans le cas des art. 194 et 195, il existe des en-
» fants issus de deux individus qui ont vécu publi-
» quement comme mari et femme, et qui soient
» tous deux décédés, la légitimité des enfants ne
» peut être contestée sous le seul prétexte du défaut
» de représentation de l'acte de célébration, toutes
» les fois que cette légitimité est prouvée par une
» possession d'état qui n'est point contredite par
» l'acte de naissance. »

Pour que l'enfant puisse bénéficier de cette dérogation, on exige le concours de quatre conditions.

Il faut 1º que le père et la mère soient tous deux décédés. Et en effet, dans une telle situation de qui l'enfant aurait-il pu obtenir des renseignements sur le lieu de la célébration? Ce n'est pas à coup sûr de la part des personnes qui seraient intéressées à combattre sa légitimité. Mais faut-il, ainsi que l'ont fait plusieurs arrêts (Toulouse, 24 juin 1820; Paris, 21 juin 1853) refuser d'assimiler le cas d'absence des époux à celui de décès. Nous trouvons cette interprétation un peu rigoureuse, puisque le motif essentiel de l'art. 197 trouve ici son application. Car il y a également impossibilité pour l'enfant de connaître le lieu du mariage de ses parents, qu'ils soient décédés ou absents. Du reste on pourrait bien, pour le cas de retour, admettre des réserves au profit des adversaires de l'enfant (Demolombe, t. III, § 396; Valette sur Proudhon, t. II, page 73; Bonnier, n° 198).

Mais nous ne pensons pas qu'on puisse adopter la même solution pour le cas où l'un des époux, étant vivant et capable, se présenterait comme l'adversaire de son enfant pour lui contester sa légitimité. Le législateur n'a pas pu croire qu'il existât des parents capables de nier la légitimité de leurs propres enfants, dans un but de spéculation ou de calcul matrimonial, (arrêt de Toulouse, 24 juillet 1826).

Conformément à un arrêt de la Cour de Nîmes du 18 juin 1860, nous pensons que le bénéfice de l'art. 197 peut également être invoqué par les héritiers des enfants.

Outre la première condition que nous venons d'examiner il faut encore que les père et mère aient vécu publiquement comme mari et femme et que l'enfant ait toujours eu la possession d'état d'enfant légitime. Cette preuve de la double possession d'état des époux et de l'enfant, pourra se faire tant par témoins que par titres. C'est ce qui résulte du changement de rédaction survenu dans l'article du projet

qui exigeait que la possession d'état fut constatée,
« soit par des actes authentiques, soit par des actes
» privés émanés de ceux qui contestent l'état de
» l'enfant, (Locré, *leg. civ.* tome 4, page 410).
C'est avec juste raison que cette phrase fut sup-
primée; car, la possession d'état est un ensemble
de faits susceptibles d'être constatés par tous les
modes de preuve.

Enfin la quatrième condition est purement négative. Il suffit que la possession d'état de l'enfant
ne soit point contredite par son acte de naissance.
L'article primitif du projet exigeait que l'enfant eût
un acte de naissance énonçant sa légitimité. Mais
le consul Cambacérès fit observer que l'enfant pourrait tout aussi bien ignorer le lieu où il trouverait
son acte de naissance, que celui où avait été célébré
le mariage de ses parents. L'enfant sera donc dispensé de représenter son acte de naissance, il suffira
que celui qu'on lui oppose ne vienne pas contredire
sa possession d'état, en le désignant, par exemple,
comme enfant naturel.

Nous venons de voir que lorsque l'enfant a fait la
quadruple preuve exigée par l'art. 197, il résulte, en
sa faveur, une présomption légale de légitimité.
Cette présomption admet-elle la preuve contraire?

Remarquons tout d'abord que si la possession d'état
établit la *célébration du mariage* c'est-à-dire *son*
existence, elle ne préjuge aucunement la question de
validité, et rien n'empêcherait de prouver que le
mariage est nul pour cause de bigamie, par exemple,

(Douai, 8 mars 1845). Ce que l'on se demande c'est si le fait même de la célébration pourrait être renversé, si l'on opposait à l'enfant, un acte de mariage irrégulier antérieur à sa naissance. Nous ne pensons pas que le Code ait réservé la preuve contraire résultant d'un titre irrégulier, puisque les conjoints auraient dû régulariser la situation par un nouvel acte. D'ailleurs l'enfant a établi la possession d'état de ses père et mère, et cette possession d'état, aux termes même de l'art. 196, ne couvre-t-elle pas les nullités de forme ? (Bonnier, n° 198 ; Cass. 7 avril 1869).

En parlant des naissances et des décès, nous avons dit qu'en cas de perte des registres on pouvait prouver par témoins la célébration du mariage, (art. 46). Nous adopterons la même décision, lorsqu'il n'aura pas été tenu de registres, parce qu'elle est plus conforme à l'art. 46, et à l'Ordonnance de 1667. Du reste, le mariage n'est pas un contrat essentiellement littéral ; il réside surtout dans le consentement donné devant l'officier public compétent, (art. 75 du Code). Tel était aussi l'avis de Pothier, (mariage, n° 378) ; *(rej.* 8 juin et 7 sept. 1809 ; Paris, 9 août 1813 ; Bordeaux, 14 mars 1849 ; Bastia, 24 juillet 1846).

Mais s'il existe des registres bien tenus, nous croyons, contrairement à ce que nous avons décidé pour les naissances et les décès, qu'il est impossible de suppléer par l'enquête aux omissions des registres de mariage. Cette solution est en parfaite harmonie tant avec le texte formel de l'art. 194, qu'avec les règles admises en matière de conventions ordinaires. Il ne s'agit plus en effet ici d'un simple fait de la nature, comme la naissance et la mort, mais d'un véritable contrat dont les parties étaient obligées de se procurer un écrit. Cet écrit, il est vrai, n'est pas de l'essence du mariage et nécessaire à sa validité, mais il est indispensable pour en administrer la preuve. Nous ne permettrons même pas de déférer le serment sur l'existence du mariage, ou de s'appuyer sur un commencement de preuve par écrit, à l'effet d'entendre des témoins sur sa célébration. Tel nous paraît être l'esprit de la loi.

SECTION III

FILIATION

Il semble que, d'après les principes du droit commun, la loi eût dû autoriser l'enfant à établir sans restriction un fait qu'il lui a été entièrement impossible de faire constater. Mais le législateur a redouté les témoignages peu scrupuleux qui eussent permis à des ambitieux d'usurper une place qui n'était pas la leur, et de porter ainsi atteinte à l'intégrité de la famille qui est la base même de la société.

La filiation invoquée peut être légitime ou naturelle. Nous verrons que la recherche de la première est plus facilement admise que celle de la filiation naturelle, parce qu'elle n'a rien que d'honorable pour les deux époux, et qu'elle intéresse la société toute entière. La seconde, au contraire, entache l'honneur de la personne dont on prétend tenir l'existence, et la société n'a rien à gagner à la révélation d'un tel scandale. Même en dehors de ces considérations morales, on conçoit que le législateur se soit montré plus rigoureux, parce qu'en général, la parenté naturelle sera entourée de bien plus de nuages, qu'une simple enquête aurait eu de la peine à dissiper.

Nous examinerons donc d'abord la filiation légitime.

FILIATION LÉGITIME

L'enfant qui veut établir sa filiation légitime doit d'abord prouver 1° l'accouchement de la femme dont il se dit issu ; 2° sa propre identité avec l'enfant dont elle est accouchée. Une fois la maternité ainsi établie il devra prouver 3° la célébration d'un mariage entre son père et son père. Nous avons vu dans la section du mariage par quels moyens l'enfant arriverait à faire cette preuve. Nous rappellerons seulement à ce sujet que lorsque l'enfant aura démontré qu'un mariage a été régulièrement contracté, ce ne sera pas à lui à en prouver la validité. Par le fait seul d'une célébration régulière le mariage est présumé valable : ce seront donc les adversaires de l'enfant qui devront démontrer qu'il est nul au fond ; 4° il devra prouver en outre qu'il a été conçu ou tout au moins qu'il est né pendant le mariage ; 5° qu'il est le fruit des œuvres du mari.

Quant à ces deux dernières preuves nous n'en parlerons pas, parce qu'elles sortent du cadre de notre sujet. Elles concernent la paternité dont la preuve directe est impossible et le législateur dans l'art. 312 a indiqué les présomptions en vertu desquelles on peut les établir. Nous allons donc seulement nous occuper de la maternité.

La maternité et par voie de conséquence la filiation se prouve de trois manières : 1° par l'acte de naissance ; 2° par la possession d'état ; 3° par la preuve testimoniale corroborée par certains adminicules.

1° *Acte de naissance* : — Aux termes de l'art. 319 la filiation des enfants légitimes se prouve par les actes de naissance inscrits sur le registre de l'état civil. Mais cette proposition, prise au pied de la lettre, n'est pas complètement exacte. En effet si l'acte de naissance prouve l'accouchement de la mère, il ne prouve pas l'identité de l'enfant, puisque le premier venu, pouvant se faire délivrer des extraits des actes de l'état civil, peut facilement aussi tenter de s'appliquer un acte qui n'est pas le sien. L'enfant devra donc établir son identité et il pourra le faire par tous les moyens possibles même par témoins, sans qu'il soit besoin d'un commencement de preuve par écrit. Nous ne sommes plus en effet dans l'hypothèse prévue par l'art. 323. Il ne s'agit pas d'une action en réclamation d'état intentée en l'absence de titre et de possession d'état. Le réclamant a un titre et il prétend simplement prouver que ce titre, cet acte de naissance s'applique à lui-même. Ce n'est donc plus la maternité qui est en jeu, mais un fait tout différent, comme par exemple, une possession d'état incomplète, fait qu'il serait le plus souvent impossible d'établir autrement que par témoins (Aubry et Rau § 544 texte et note 6; Demolombe tome 5, § 203; Cass. 27 janv. 1818; Bordeaux 25 Août 1825; Demante tome 1, n° 301 programme).

2° *Possession d'état.* — Le deuxième moyen de prouver la filiation est la possession constante de l'état d'enfant légitime. L'art. 321 nous indique les principaux fait dont elle peut se composer, que les anciens auteurs résumaient dans ces trois mots, *nomen, tractatus, fama.* En matière de mariage et relativement aux époux nous avons repoussé ce genre de preuve, à cause du caractère équivoque que présente la cohabitation maritale entre deux personnes; mais il n'en est pas ainsi pour la possession d'état d'enfant légitime, qui est l'œuvre des époux eux-mêmes, c'est-à-dire de ceux qui auraient intérêt à l'illégitimité de l'enfant.

Le Code préfère, il est vrai, l'acte de naissance à la possession d'état, puisque ce n'est qu'à son défaut

qu'on doit l'invoquer. Mais elle a un avantage sur
l'acte de naissance, car elle prouve l'accouchement
de la mère et l'indentité de l'enfant, tandis que l'acte
de naissance ne prouve que l'accouchement de la mère
Remarquons en passant (art. 320), que cette possession d'état doit être *constante*; car si l'enfant a
été tour à tour considéré comme légitime et comme
illégitime, il n'y a aucune raison d'admettre plutôt
les faits favorables que les faits contraires à la légitimité.

A défaut de titre, la possession d'état suffit à
elle seule pour établir la filiation, sans qu'il soit
besoin de supposer le cas de perte ou de non existence des registres (art. 46). (Rej., 2 fév. 1870).
L'historique de la rédaction de l'art. 320, ne permet pas de consacrer le moindre doute à cet égard.
(Demol., vol. 5, § 203; Aubry et Rau, § 544, note
12). Mais lorsque la possession d'état est isolée on
peut la combattre par la preuve contraire. Il en
serait tout autrement si cette possession était ac-
compagnée d'un titre conforme, ni l'enfant ni les tiers
ne peuvent alors contester la filiation qui en résulte.
(art. 322). Aucune autre preuve ne pourrait, en effet, réunir plus d'éléments de certitude. C'est dans
l'intérêt de la stabilité des familles que le législateur a consacré une solution déjà admise au XVIIIe
siècle par l'ancienne jurisprudence (Cochin, 102e
plaidoyer, 9 avril 1737).

L'art. 321, en faisant l'énumération des faits
qui constituent la possession d'état d'enfant légi-

time, les applique spécialement au *père*. Si la loi ne désigne point nommément la mère, c'est que généralement c'est le père qui dirige l'éducation de l'enfant ; mais la possession doit régulièrement se rapporter aux deux époux. Du reste, la mère n'est-elle pas comprise implicitement dans le dernier alinéa de l'art. 321 qui parle de *la famille*. Cependant lorsque les deux époux ont vécu séparément et que la possession existe seulement vis à vis de l'un d'eux, nous pensons que l'enfant peut être admis à justifier sa possession, quant au mari seul, sans justifier d'aucuns faits propres à la prouver quant à la femme et réciproquement. Si c'est à l'égard du mari que cette possession est constatée, nous n'hésiterons pas à reconnaître que la filiation de l'enfant se trouve par voie de conséquence établie vis à vis de la femme. (Merlin, *rep. Légitimité*, sect. 2., § 4, n° 3.).

Si c'est au contraire à l'égard de la mère seule que cette possession se trouve constatée, bien que la question soit plus délicate que dans l'hypothèse inverse, nous pensons également que la légitimité se trouvera établie vis à vis du mari. Nous dirons avec M. Bonnier (n° 208) que si la preuve testimoniale de la maternité, faite par celui qui n'a ni titre ni possession, suffit pour établir la paternité jusqu'à désaveu, il est impossible de refuser le même effet à la preuve de la maternité résultant de la possession d'état.

3° *Preuve testimoniale.* — Lorsque l'enfant n'a

ni titre ni possession d'état, il ne lui reste plus
qu'un moyen d'arriver à la constatation de la filiation légitime, c'est la preuve testimoniale. Mais à
cause de la gravité des intérêts engagés dans les
questions d'état et particulièrement de filiation, le
Code a cru devoir, conformément à l'ancienne jurisprudence, préciser avec soin les conditions d'admissibilité de la preuve par témoins. « A défaut de
» titre et de possession constante » dit l'art. 323 du
Code, « ou si l'enfant a été inscrit soit sous de faux
» noms, soit comme né de père et mère inconnus,
» la preuve de filiation peut se faire par témoins.
» Néanmoins cette preuve ne peut être admise que
» lorsqu'il y a commencement de preuve par écrit,
» où lorsque les présomptions ou indices résultant
» de faits dès lors constants sont assez graves pour
» déterminer l'admission. Le commencement de
» preuve par écrit, » ajoute l'art. 324, « résulte des
» titres de famille, des registres et papiers domesti-
» ques du père ou de la mère, des actes publics et
» même privés émanés d'une partie engagée dans
» la contestation, ou qui y aurait intérêt, si elle
» était vivante. » La définition du commencement
de preuve par écrit est dans l'art. 324 plus large
qu'elle ne l'est dans l'art. 1347 qui parle du commencement de preuve par écrit en matière de contestations ordinaires. Il n'est pas, en effet, nécessaire que l'écrit qui rend vraisemblable la filiation
émane, comme celui de l'art. 1347, de la personne
même contre laquelle la demande est formée. Il suf-

fit qu'il provienne d'une personne décédée, qui aurait eu un intérêt contraire à celui de l'enfant, si elle avait été vivante. Ainsi l'écrit émané du frère de l'enfant qui réclame, serait suffisant pour rendre admissible le preuve testimoniale. Mais on ne tiendra aucun compte des déclarations de tiers sans intérêt. — Malgré les expressions *actes publics ou même privés* dont se sert l'art. 324, il ne faut pas croire qu'il soit interdit de puiser dans une lettre un commencement de preuve par écrit. Car lorsqu'il s'agit de relations de famille, c'est surtout dans les correspondances qu'on peut trouver les renseignements les plus précieux. (Caen, 5 juillet 1843 ; Bonnier, nº 209). A défaut de commencement de preuve par écrit, l'enfant doit produire des présomptions ou indices graves à l'appui de sa prétention. Nous venons de voir précédemment que le législateur, dans la crainte d'apporter le trouble dans les familles, n'a pas hésité à s'écarter du droit commun en refusant à l'enfant de prouver par témoins une filiation dont il lui a été absolument et matériellement impossible de se procurer une preuve écrite. Voici encore une nouvelle dérogation au droit commun. Nous savons, en effet, que les simples présomptions (art. 1353) peuvent faire preuve complète dans le cas où la preuve testimoniale serait elle-même admissible ; mais en dehors de ces cas, elles n'ont, si graves et si concluantes qu'elles soient, aucune force probante, pas même à l'effet de rendre admissible la preuve testimoniale. En matière de filiation, au contraire, c'est l'inverse qui a lieu, puisqu'à elles seules elles ne peuvent faire preuve de la filiation, et que d'un autre côté elles suffisent pour permettre d'entendre des témoins.

On entend ici par présomptions ou indices graves, par exemple, des objets, des vêtements, etc., trouvés sur la personne de l'enfant et qui auraient appartenu à celle qu'il prétend être sa mère : une ressemblance frappante avec elle serait encore un indice suffisant. De ce que le Code nous dit que ces présomptions ou indices doivent résulter de faits *dès lors constants*, il ne faut pas croire qu'il ait eu pour but d'exclure toute enquête sur les faits allégués. Car ce serait empêcher le juge de s'éclairer sur un fait dont il peut parfaitement ignorer la notoriété.

Lorsque les registres auront été perdus ou qu'il n'en aura pas été tenu, les juges auront à apprécier s'ils trouvent dans ces circonstances un indice assez grave pour autoriser l'enquête; car l'art. 46 est simplement facultatif (*rej*. 12 déc. 1827, 8 août 1864.)

Nous savons que l'acte de naissance et la possession d'état isolés sont contestables. L'art. 325 fait encore application de cette règle au cas où l'enfant après avoir rempli les conditions préalables de la preuve testimoniale, produit des faits tendant à prouver sa légitimité. « La preuve contraire, » nous dit-il, « pourra se faire par tous les moyens propres » à établir que le réclamant n'est pas l'enfant de la » mère qu'il prétend avoir..... » Jusque là pas de difficulté. Mais lorsque le législateur ajoute que « même la maternité prouvée, on pourra établir » qu'il n'est pas l'enfant du mari de la mère, » il semble se mettre en contradiction avec les principes généraux reçus en matière de paternité, qui veulent que l'enfant qui a trouvé sa mère ait nécessairement pour père le mari de sa mère, à moins que celui-ci ou ses héritiers ne puissent invoquer une cause de désaveu. Or, dans l'art. 325 cette cause n'est pas supposée. Nous croyons que le législateur ayant vu dans l'absence du titre et de la possession tout à la fois une position insolite permettant de supposer presque toujours une naissance cachée, a assimilé au recel l'absence de titre et de possession d'état. C'est ce qui résulte du rapprochement des art. 313 et 325 qui se servent presque identiquement des mêmes expressions. Et alors la présomption *is pater est* tombera devant la simple preuve contraire au lieu de ne tomber que devant une procédure ordinaire de désaveu. Cette extension n'a rien d'exorbitant en présence d'une situation non moins suspecte que s'il y avait recel de la naissance. Tel est l'avis de la jurisprudence et de la plupart des auteurs : (Bordeaux, 12 fév. 1838; *rej.* 9 nov. 1809, Merlin quest. de droit. Légit. § 11 ; Bonnier, n° 211 ; Demolombe, tôme 5, n° 259 ; Valette sur Proudhon, tôme 2, page 175.)

FILIATION NATURELLE

On appelle enfants naturels simples tous ceux qui ne sont point issus d'un mariage légitime ; ils sont aldultérins si l'un des deux parents était, à l'époque de la conception, engagé par un mariage avec une autre personne ; ils sont incestueux s'ils naissent de deux personnes parentes ou alliées au degré prohibé. Nous laisserons de côté les enfants adultérins ou incestueux dont la loi a prohibé la reconnaissance (art. 335). Cependant il faut bien admettre qu'il y a des hypothèses, très-rares sans doute, où leur filiation peut se trouver légalement constatée, puisqu'ils ont droit à des aliments. Nous allons donc examiner quels sont les moyens d'établir la filiation naturelle simple, la seule dont nous ayons à nous occuper ici. Nous avons vu que dans la filiation légitime, la maternité une fois démontrée faisait toujours présumer la paternité, au moins jusqu'à preuve contraire. Dans la filiation naturelle, la paternité et la maternité sont deux faits distincts et complétement indépendants l'un de l'autre, que nous devrons étudier séparément.

Pour établir la filiation naturelle la loi n'admet expressément que deux modes de preuve: 1° l'acte de reconnaissance; 2° la preuve par témoins. Nous

nous demanderons plus tard si la possession d'état comme en matière de filiation légitime, peut nous fournir un troisième moyen de preuve.

1° *Acte de reconnaissance.* — « La reconnaissance d'un enfant naturel, nous dit l'art. 334, sera faite par un acte authentique, lorsqu'elle ne l'aura pas été dans son acte de naissance. » L'acte de naissance serait à lui seul insuffisant, lors même que les noms de la mère ou du père naturels y seraient inscrits. Pour que l'acte prouve la filiation, il est absolument nécessaire que le père ou la mère, soit personnellement, soit par un fondé de pouvoir spécial, aient déclaré *reconnaître* l'enfant qui a fait l'objet de la déclaration C'est une différence profonde avec l'acte de naissance d'un enfant légitime.

2° *Preuve par témoins.* — Dans le cas précédent il s'agissait d'une reconnaissance volontaire, qui était le résultat d'un acte spontané des père et mère de l'enfant. Ici au contraire il s'agit d'une reconnaissance forcée parce qu'elle découle d'une déclaration judiciaire intervenue sur la preuve faite en justice. C'est surtout à présent qu'il nous faut bien distinguer la paternité naturelle de la maternité. La preuve judiciaire de la filiation naturelle est en principe, prohibée à l'égard du père, et permise à l'égard de la mère. La paternité, en effet, est toujours douteuse, et l'enquête destinée à l'établir mènerait souvent à un scandale inutile, tandis qu'au contraire la maternité est un fait apparent qui peut être constaté d'une manière absolument certaine,

Occupons-nous d'abord de la recherche de la maternité.

On s'est fondé sur le texte de l'art. 341 qui ne mentionne que l'enfant, pour soutenir que la recherche de la maternité n'a été autorisée qu'en faveur de l'enfant (rej. 3 fév. 1851.) Ce n'est que pour lui, dit-on, que la loi a toléré le scandale qui en résulte. En partant de cette idée, on en est arrivé à prétendre que la recherche de la maternité était un droit personnel à l'enfant et que dans le silence de la loi, les héritiers mêmes de l'enfant ne peuvent pas rechercher la filiation maternelle de leur auteur (Cass. 29 juillet 1861; 10 août 1864; et 3 avril 1872). Cette opinion nous semble excessive ; car en principe la recherche de la maternité est admise et en ne parlant que de l'enfant, le Code n'a statué que sur le *de eo quod plerumque fit.* Comment du reste exclure les héritiers de cette action, sans les priver du bénéfice formel que leur accorde l'art. 759 au titre des successions (Paris, 30 avril 1859). (Bonnier, n° 215).

La preuve directe par témoins du fait de la maternité naturelle n'est admise que sous la condition rigoureuse d'un commencement de preuve par écrit. Car les actions de cette nature sont compromettantes pour l'honneur des personnes, et les simples présomptions ou indices qui suffisent pour rendre recevable la preuve de la maternité légitime doivent ici être écartés. (Cass. 28 mai 1810; Paris 13 juillet 1863.) Cependant bien que l'art. 341 soit muet

sur le nature du commencement de preuve par
écrit qu'il exige en matière de filiation naturelle,
nous croyons qu'on doit se référer à la définition
qu'il en a donné dans l'art. 323 à propos de la
filiation des enfants légitimes. Car lorsqu'a été
voté le titre de la *paternité* et de la *filiation*, le principe de l'art. 1347 n'avait pas encore été consacré,
puisqu'il s'écoula un an entre la promulgation de
ce titre et celle du titre *des contrats*. Telle est l'opinion qui a prévalu dans la jurisprudence (Paris 4
fév. 1867; Caen 19 janvier 1867; Rej. 23 novembre
1868.

L'enfant qui réclame sa mère doit établir :
1º L'accouchement de la femme dont il se prétend
issu et 2º sa propre identité avec l'enfant dont cette
femme est accouchée. Le commencement de preuve
par écrit devra porter à la fois sur ces deux faits.
Cela résulte de la nature des choses ; car l'écrit qui
rend vraisemblable l'identité, laisse naturellement
supposer la réalité de l'accouchement. Cependant
il ne faudrait pas aller jusqu'à dire avec Toullier
qu'il serait nécessaire de justifier complétement
par écrit le fait de l'accouchement. Aussi est-ce
avec juste raison qu'un arrêt de rejet du 3 juillet 1850 a rejeté une pareille interprétation, parce
que dit-il, « la preuve que doit faire celui qui re-
» cherche la maternité est une preuve complexe
» qui doit porter tout à la fois sur le fait de l'accou-
» chement et sur l'identité ; qu'en effet, la preuve
» de l'accouchement ne renferme pas celle de

» l'identité, mais que la preuve de l'identité em-
» porte nécessairement avec elle la condition de
» faire la preuve de l'accouchement, et que la loi
» n'admettant qu'un seul mode de preuve, il s'ap-
» plique forcément aussi bien au fait de l'accouche-
» ment qu'à celui de l'identité... (Bonnier n° 220).

Quant à la recherche de la paternité, elle est généralement interdite. Cependant par exception,
l'art. 340 l'admet dans le cas d'enlèvement lorsque
l'époque de cet enlèvement se rapportera à celle de
la conception de l'enfant. Alors en effet l'on n'a pas à
craindre le scandale d'une enquête sur les relations
du père et de la mère, puisque ce scandale est un
fait accompli. Remarquons que l'enlèvement dans
notre matière n'est pas seulement celui qui est commis envers une mineure (art. 354 et 355 Code pén.).
Il faut entendre ce mot dans son sens grammatical
et l'appliquer même à une majeure (Paris, 28 juillet 1821).

Nous pensons qu'il faut assimiler le viol à l'enlèvement et le regarder comme une sorte de rapt momen-
tané. Ce mot, il est vrai, disparut du texte après une
conférence de la section de législation du conseil
d'État avec le Tribunat, mais sans que l'on sache trop
pour quel motif. Du reste, nous dirons avec M. Demolombe que notre doctrine ne présente pas de
danger puisque la déclaration de paternité n'est
que facultative pour le juge (n° 491, p. 546).

La preuve de l'enlèvement ou du viol pourra
donc se faire par témoins puisque ce genre de preuve

est recevable quand on n'a pas pu se procurer une preuve écrite. Quant à la date de la naissance, elle s'établira par les actes de l'état civil et à leur défaut par la preuve testimoniale conformément à l'opinion que nous avons admise sur l'art. 46.

Une fois l'enlèvement ou le viol constaté, les juges apprécieront les faits de nature à établir la paternité, mais aucun texte ne les oblige à déclarer le ravisseur de la mère, père de l'enfant.

3º *Possession d'état.* — Nous avons vu que la filiation naturelle se prouve comme la filiation légitime par titres et par témoins. Faut-il admettre qu'elle se prouve aussi par la possession d'état ?

Quant à la maternité, qui est un fait apparent qu'on peut constater sans trop de scandale, nous croyons qu'on doit lui appliquer ce troisième mode de preuve, admis formellement par la loi en matière de filiation légitime. On s'est fondé sur le silence du législateur, pour nier l'admissibilité de la possession d'état. Ce silence s'explique historiquement. On avait d'abord proposé une rédaction assimilant la possession d'état à un commencement de preuve ; mais cette rédaction fut repoussée, parce que Portalis fit observer que la possession d'état *était la plus naturelle et la plus complète de toutes les preuves.* De telle sorte que, si le Code n'a pas dit ici que la possession d'état prouve la maternité, c'était uniquement pour écarter, non la possession elle-même, mais une disposition qui n'attribuait à la possession d'autre conséquence que de rendre admissible la preuve testimoniale.

Et puis, comme le fait si bien observer M. Bonnier, l'aveu tacite qui résulte de la possession n'a-t-il pas, en matière de filiation naturelle, plus de force encore, qu'en matière de filiation légitime, puisque pour accomplir les devoirs qu'imposait la nature, il a fallu se mettre au-dessus du blâme de l'opinion, souvent plus sévère pour le scandale que pour la faute même. Cependant telle n'est pas l'opinion de la Cour de cassation (Cass. 2 avril 1872).

Si maintenant nous supposons le concours du titre et de la possession d'état, nous ne pensons pas qu'on puisse appliquer à la filiation naturelle une présomption exorbitante de l'art. 322, qui n'a été établie que pour consolider la légitimité. (Bonnier, n° 218).

En dehors du cas d'enlèvement ou de viol, nous ne pouvons admettre avec M. Domolombe que la possession d'état puisse être admise comme preuve de la paternité naturelle. (C. Nap. n° 477 et suiv.). L'art. 340 du Code civil ne prohibe, sans doute, que la recherche de la paternité. Mais la constatation de la possession n'impliquera-t'elle pas forcément la preuve scandaleuse des relations du prétendu père avec la mère de l'enfant. Cela est tellement vrai que c'est la seule expression dont se serve l'art. 342 pour défendre d'une manière générale aux enfants adultérins et incestueux de faire constater leur filiation en justice.

L'opinion contraire conduirait à admettre que la possession d'état prouve la filiation adultérine ou incestueuse, décision qui nous paraît radicalement opposée au texte et à l'esprit du Code en cette matière.

Si nous avons dit que la possesssion d'état ne pouvait servir à établir la filiation naturelle qu'à l'égard de la mère, c'est que la recherche de la maternité est seule permise en principe (art. 431.) Tandis que pour la paternité la règle est toute différente (art. 340). Ce serait donc à tort qu'on nous accuserait d'inconséquence.

TABLE DES MATIÈRES

DROIT ROMAIN

INTRODUCTION   5

CHAPITRE I

Des actes privés.   13

Sect I. — Des différentes espèces d'actes privés.   13

Sect. II. — De la forme des actes privés.   27

Sect. III. — De la foi qui leur est due.   31

CHAPITRE II

Des actes publics.   42

Sect. I. — Des actes publics proprement dits.   42

Sect. II. — Des actes forenses.   47

    § 1. *De leur forme.*   49

    § 2. *De la foi qui leur est due.*   52

CHAPITRE III

De l'autorité de la preuve littérale à l'encontre de la
preuve par témoins.   61

CHAPITRE IV

De la production et de la perte des titres.   69

DROIT FRANÇAIS

NOTIONS HISTORIQUES   75

Législation actuelle.   80

CHAPITRE I

Règles générales en matière de conventions.   81

SECT. I. — Exclusion de la preuve testimoniale dans
les choses excédant la valeur de 150 fr.   82

SECT. II. — Exclusion de la preuve testimoniale contre
et outre le contenu aux actes.   103

SECT. III. — Exceptions communes à ces deux règles.   111
§ 1. *Commencement de preuve par écrit.*   111
§ 2. *Impossibilité de se procurer ou de
conserver un écrit.*   123
§ 3. *Consentement de l'adversaire.*   141

SECT. IV. — Extension de la prohibition de la preuve
testimoniale.   143

CHAPITRE II

Règles spéciales concernant les questions d'état.   153

Sect. I. — Naissance et décès.   155

Sect. II. — Mariage.   158

Sect. III. — Filiation.   165
    § 1. *Légitime.*   166
    § 2. *Naturelle.*   175

—178— Paris. — Imprimerie F. Pichon, 14, rue Cujas.

PARIS. — IMPRIMERIE F. PICHON, 14, RUE CUJAS